그리스·로마 신화 1
제우스 헤라 아프로디테

메네라오스 스테파니데스 글 · 야니스 스테파니데스 그림
25년 동안의 신화 연구 끝에 완성한 이 작품은 1989년 세계에서 가장 오래되고 권위 있는 어린이 문학상 피에르 파올로 베르제리오상을 수상했습니다.

정재승 추천
KAIST에서 물리학을 전공하고 예일대학교 의대 정신과 연구원, 컬럼비아대학교 의대 정신과 조교수를 거쳐 현재 KAIST 바이오및뇌공학과 교수와 융합인재학부 장으로 연구하고 있습니다. 의사결정 신경과학을 통해 정신질환을 탐구하고 사람을 닮은 인공지능을 개발합니다. 《과학 콘서트》《물리학자는 영화에서 과학을 본다》《인류탐험보고서》《인간탐구보고서》 등을 기획하거나 썼습니다. 책 읽기를 즐기며, 과학적 상상력과 신화적 상상력을 연결하고 싶어 합니다.

그리스·로마 신화 1
제우스 헤라 아프로디테

메네라오스 스테파니데스 글 | 야니스 스테파니데스 그림 | 정재승 추천

1판 1쇄 발행 2022년 1월 25일 | 1판 8쇄 발행 2024년 8월 20일
펴낸이 정중모 | 펴낸곳 파랑새 | 등록 1988년 1월 21일(제406-2000-000202호)
편집장 서경진 | 편집 정혜연 | 디자인 권순영
마케팅 김선규 | 미디어마케팅 구지영 | 홍보 고다희
온라인사업 서명희 | 제작 윤준수 | 회계 홍수진
주소 경기도 파주시 회동길 152 | 전화 031-955-0700 | 팩스 031-955-0661
홈페이지 www.yolimwon.com | 전자우편 bbchild@yolimwon.com
ISBN 978-89-6155-965-2 74800, 978-89-6155-964-5(세트)

Greek Mythology
Text copyright © Menelaos Stephanides Illustrations copyright © Yannis Stephanides
All rights reserved. Korean translation copyright © 2022 by BluebBird Publishing Co.
Korean translation copyright arranged with Sigma Publications F.& D. Stephanides O.E.
through Shinwon Agency Co., Seoul.

이 책의 한국어판 저작권은 Shinwon Agency를 통한 독점 계약으로 파랑새에 있습니다.
저작권법에 의해 한국 내에서 보호를 받는 저작물이므로 무단 전재와 무단 복제를 금합니다.

어린이제품안전특별법에 의한 제품 표시
제조자명 파랑새 | 제조년월 2024년 8월 | 제조국 대한민국 | 사용연령 12세 이상

그리스·로마 신화 1

제우스 헤라 아프로디테

메네라오스 스테파니데스 글
야니스 스테파니데스 그림

파랑새

엄청난 능력과 권위로
세상을 지배하는 자들의 욕망.
그리스·로마 신화는
그 자체가 인생이다.

| 추천사 |

뇌과학으로 신화 읽기: 권력

 수천 년간 입으로 전해지며 유럽의 문화와 예술, 더 나아가 전 세계 지적 전통에 막대한 영향을 미쳐온 그리스·로마 신화. 올림푸스 신들의 이야기를 빗대어 인간과 사회의 본질을 통찰하고 있는 그리스·로마 신화는 내 청소년 시절에 막대한 영향을 끼친 책이다.

 그 불멸의 신화가 가진 매력은 도대체 무엇일까? 뇌과학자가 되어 꼼꼼히 다시 들여다보니, 그리스·로마 신화는 어마어마하고 무시무시하게 재미있는 이야기를 통해 인간이 세상을 맞닥

뜨리며 경험하는 온갖 인지적 경험들을 생생하게 그려내, 그야말로 '희로애락의 만물상'이 그 안에 고스란히 담겨 있다.

우선 1권에서는 '권력'이라는 개념을 열쇳말로 주목하길 바란다. '타인을 내 마음대로 통제하고 싶고, 세상을 내가 원하는 데로 바꾸려는 욕망' 말이다. 우라노스나 제우스, 헤라처럼 엄청난 능력과 권위를 통해 세상을 지배하는 자들이 어떻게 행동하는지 주목해 보시라. 그 안에 우리 사회 리더들의 모습이, 엄마·아빠의 모습이, 혹시 내 모습이 보이지 않는가?

  권력은 신이나 왕, 대통령처럼 세상을 지배하는 자들에게서만이 아니라, 내 옆에 있는 누구라도 내 뜻대로 하려 들고 상황을 내 맘대로 바꾸려는 모든 순간, 여지없이 작동한다. 사춘기 때에는 유독 이런 욕망이 날마다 치밀어 오른다.

  타인과의 관계를 주도하고 세상을 뜻대로 지배할 수 있는 능력은 내 존재 가치를 증명할 뿐만 아니라, 내 뜻대로 상황을 통제함으로써 크고 작은 행복감을 준다는 점에서 누구에게나 필요하다. 하지만 그것이 과도할 때, 타인에게 얼마나 큰 불행을

야기하는지 또한 신화를 통해 깨닫기를 바란다. 그리스·로마 신화는 그 자체가 인생이다.

정재승 (뇌과학자, 『과학콘서트』 『열두발자국』 저자)

| 차례 |

추천의 글 6

세상의 탄생 13

제우스 35

헤라 81

아프로디테 123

세상의 탄생

세상은 카오스로부터 창조되었다

이 이야기는 여러분이 지금까지 들어 온 이야기와는 사뭇 다를 것이다. 여러분이 들었던 어떤 이야기보다도 아득히 먼, 아주 오랜 옛날에 있었던 이야기이기 때문이다.

이제 여러분은 이루 헤아릴 수 없는 여러 세기 전으로, 실재하지 않았던 시간의 시작을 찾아서 거슬러 올라갈 것이다.

아득히 먼 옛날에 카오스라는 신이 살고 있었다.

카오스는 오직 혼자였고, 주위는 완전히 비어 있었다. 그때는 해도 땅도 하늘도 없었다. 아무런 모양도 없는, 오로지 텅 비고 무거운 어둠만이 끝없이 펼쳐져 있을 뿐이었다.

카오스는 혼자 사는 데 싫증이 났다. 그래서 세상을 창조해야겠다고 생각했다.

카오스는 맨 처음 대지의 여신 가이아를 탄생시켰다. 가이아는 너무나도 사랑스러웠으며 힘과 생기가 넘쳤다. 가이아는 자라서 품 안에 넓은 대지를 펼치고 껴안고 있었다. 가이아 위에 우리들의 세상이 세워졌다.

그러고 나서 카오스는 공포를 느끼게 하는 타르타로스(지옥), 어두운 닉스(밤), 그다음에 사랑스럽고 빛나는 헤메라(낮)를 창조했다.

타르타로스는 카오스가 하늘 높이 떠 있는 것만큼이나 땅속 깊은 곳에 있었고, 도저히 상상할 수 없을 정도로 어두웠다.

만약 하늘에서 모루(대장간에서 쓰는 쇳덩이)를 떨어뜨리면 아흐레 동안 떨어져서 열흘째 되는 날 동틀녘에야 땅에 닿을 것이다. 그리고 땅에 닿은 모루를 다시 타르타로스를 향해 떨어뜨리면, 아흐레 동안 떨어져서 열흘째 되는 날 아침에야 닿을 정도로 깊은 곳이었다.

이 정도면 타르타로스가 얼마나 깊은 땅속에 있는지, 왜 그렇게 어두운지를 알 수 있을 것이다.

다시 말해 타르타로스는 끝이 없는 지옥이었다.

만약 누군가 타르타로스에 들어간다면, 끝없이 앞으로 나갈 것이고 성난 회오리바람에 질질 끌려다니느라 한 해가 지나도 그곳에서 빠져나오지 못할 것이다.

불멸의 신들조차 두려워하는 이곳 중심부에, 언제나 검은 구름으로 덮여 있는 닉스의 어두운 궁전이 나타난다.

닉스는 이곳에서 하루 종일 앉아 있다가, 땅거미가 지면 땅 위로 자신의 몸을 펼친다.

어머니 가이아

카오스가 자신의 역할을 다했기 때문에, 이번에는 대지의 여신 가이아가 세상을 창조할 차례가 되었다.

가이아는 아름다운 것부터 만들고 싶었다. 그래서 그녀

는 세상에 아름다운 삶을 가져다주는 출산의 여신 에로스를 낳았다.

그러고 나서 끝없이 푸른 하늘(우라노스), 여러 산과 바다(폰토스)를 낳았다.

그들 모두 굉장한 신이었지만, 그 가운데에서도 가장 위대한 신은 우라노스였다. 그리고 세상을 화려하고 아름답게 꾸민, 모든 것의 어머니인 여신 가이아도 위대했다.

세상의 통치자 우라노스

세상에서 가장 강력한 신인 우라노스는 땅의 이쪽 가장자리에서 저쪽 가장자리까지 푸른 장막으로 감싸 안았다.

우라노스는 여러 색깔의 구름이 받치고 있는, 위엄 있는 황금 왕좌에 앉아 온 세상과 모든 신들을 다스렸다.

우라노스는 가이아와 결혼했고, 가이아는 불멸의 아이들을 많이 낳았다. 그들 가운데 열두 티탄이 있었는데, 여

섯 명은 남자 티탄들이고 여섯 명은 여자 티탄들이었다.

티탄들은 무서운 힘을 가진 거대한 신이었다.

그들 가운데 오케아노스(바다의 신)는 아주 거대해서 온 땅 위로 솟구칠 정도였다. 오케아노스는 셀 수 없이 많은 자손들을 두었다. 땅 위의 모든 강들이 그의 자녀였고, 샘과 개울의 여신인 '오케아니스'라 불리는 3,000명의 딸이 있었다.

티탄과 키클로프스들

티탄 히페리온과 그의 아내 테이아는 태양의 신 헬리오스와 장밋빛 손가락을 가진 새벽의 여신 에오스, 그리고 달의 여신 셀레네를 낳았다.

티탄 가운데 막내인 크로노스는 간사하고 음흉하며 야망이 컸다. 그에 대해서는 나중에 더 이야기할 것이다.

우라노스와 가이아의 자녀들 중에는 이마 한가운데에 눈이 하나만 있는 거대한 신인 키클로프스들이 있었다.

키클로프스들은 불을 다스리고 천둥과 번개를 지배했다. 그들은 높은 산에 살면서 산꼭대기에 언제나 타오르

는 불을 갖고 있었다. 그것은 무기와 갑옷을 불에 달구고 두드려 날카롭게 만드는 데 쓰는 큰 화산이었다.

키클로프스들은 무서운 힘을 가졌다. 그들이 산에서 산으로 움직일 때에는 번갯불과 천둥소리가 땅을 흔들었고, 그들이 지나갈 때면 온 세상이 떨었다.

그러나 우라노스의 자녀 중에 가장 크고 무서운 세 명의 아이는 100개의 팔을 가진 거인(헤카톤케이르)들이었다.

그들은 산만큼 큰 바위도 던질 수 있고, 온 세상을 흔들 수 있을 정도로 굉장한 힘을 가지고 있었다.

많은 신들이 있었지만 우라노스는 세상을 계속 다스렸고 질서를 유지했다.

우라노스의 힘은 대단해서 그의 모든 바람은 법이 되었고, 모두 그의 명령에 복종했다. 우라노스가 다스리던 시대는 죽음도 악도 증오도 없는 행복한 날들이었다.

하지만 모든 것에는 끝이 있게 마련이다.

어느 날 우라노스는 티탄들과 100개의 팔을 가진 세 거인 때문에 화를 벌컥 냈다. 그들이 우라노스에게 공손하지 못한 행동을 했기 때문이다.

우라노스는 그들에게 무서운 벌을 내려야겠다고 결심했다.

가이아의 애원

가이아는 분노한 우라노스 앞에 꿇어앉아 아이들을 용서해 달라고 빌었다.

"나의 주인이시며 온 세상의 주인이신 당신에게 빕니다. 우리 아이들을 용서해 주세요. 신들의 가족에게 재앙을 내리지 말아 주세요."

우라노스가 자녀들에게 벌을 내리다

그러나 우라노스의 분노는 보기에도 무시무시했다.

우라노스가 대답했다.

"모든 신의 어머니여, 자녀들이 아버지를 존경하지 않으면 낮의 빛으로부터 추방되어야 하오. 만약에 내가 벌을 주지 않으면 그들은 내게 다시 도전할 것이오. 그리고 나를 신들의 왕좌에서 몰아내려고 할지도 모르는 일이오."

우라노스는 땅을 열고 티탄들과 100개의 팔을 가진 거인들을 낮의 빛도, 밤의 희미한 그림자조차 없는, 두껍고 어두운 암흑만이 끝없이 펼쳐진 타르타로스의 캄캄한 구렁텅이 속으로 던졌다.

가이아는 자녀들이 땅속에 갇히는 것을 보고 가슴이 무너지는 것 같았다. 그들은 가이아가 사랑하는 아이들이 아닌가?

가이아는 자녀들에게 우라노스에게 대항하라고 부추기기로 마음먹었다.

아이들을 발견했을 때 가이아가 말했다.

"맙소사, 내 아이들이 캄캄한 타르타로스에 갇힌 것을 알고도 내가 어떻게 영원히 살 수 있단 말이냐? 너희 가운데 누가 용기를 내서 신들의 새 통치자가 되겠느냐? 너희 아버지는 오랫동안 세상을 다스렸다. 이제 다른 사람 차례다."

티탄들과 100개의 팔을 가진 거인들은 고개를 떨구었다. 우라노스의 힘이 너무나도 무시무시했기 때문에 감히 엄두도 내지 못할 일이었다.

하지만 모든 티탄이 우라노스를 두려워한 것은 아니었다.

그중 막내인 크로노스의 눈은 기쁨으로 빛났다. 그는 항상 세상의 주인이 되고 싶어 했다.

크로노스는 아버지가 자기들을 타르타로스로 추방한 것에는 잘못이 없다는 것을 알고 있었다.

하지만 이제 자신이 세상을 다스릴 때가 온 것이다.

크로노스가 우라노스를 왕좌에서 몰아 내다

크로노스는 어머니의 도움으로 어두운 감옥을 탈출하

여 밝은 세상으로 나왔다.

　오랫동안 빛을 보지 못한 크로노스는 눈이 너무 어지러워서 자기 앞에 펼쳐진 밝은 세상을 볼 수 없었다. 하지만 점점 빛에 익숙해졌고, 높은 산과 넓고 푸른 바다와 끝없는 빛으로 가득한 하늘이 있는 아름다운 세상을 보게 되었다. 태양이 크로노스의 몸을 부드럽게 어루만지듯 쏟아져 내렸다.

크로노스가 소리쳤다.

"어머니 가이아여, 이 놀라운 세상을 다시 보게 해 주셔서 정말 고맙습니다. 저는 이 세상을 제 것으로 만들겠습니다. 그러기 위해서 제가 해야 할 일을 너무나도 잘 알고 있습니다. 안녕히 계십시오!"

크로노스는 곧 어머니의 눈앞에서 사라졌다.

크로노스는 커다란 낫을 품고 구름으로 몸을 감싼 뒤 하늘 높이 날아올라 기회가 오기만을 기다렸다.

마침내 바라던 기회가 찾아왔다.

크로노스는 우라노스가 자고 있는 것을 발견하고는 살금살금 다가가서 한순간에 일을 해치웠다. 그는 낫으로 아버지를 공격해 더 이상 힘을 쓸 수 없게 만들었다. 다시 말하면 더 이상 아이들을 낳을 수 없게 만들었을 뿐만 아니라 다시는 세상을 다스릴 수 없게 만들었다.

크로노스는 혼잣말을 했다.

"한꺼번에 둘 다 성공하다니! 나는 이제 우라노스가 전혀 두렵지 않아."

그 순간 아버지의 지독한 저주가 야수의 울부짖는 소리처럼 들려왔다. 그와 함께 갑자기 깜깜해지면서 천둥과 번개가 세상을 흔들었다.

"나는 너를 저주한다, 이 못된 자식아. 네가 나에게 했던 일을 네 자식들이 네게 할 것이다!"

이 저주는 피를 얼어붙게 할 정도로 끔찍했지만 크로노스는 전혀 걱정하지 않았다.

크로노스는 자신이 세상을 다스린다는 사실이 너무 기쁜 나머지 우라노스의 저주에 대해 생각할 겨를이 없었다.

그는 다른 티탄들을 타르타로스에서 풀어 주었다. 그리고 그들과 함께라면 세상을 다스리는 통치 기반을 더욱 튼튼히 세울 수 있기 때문에 훨씬 안전하다고 생각했다.

하지만 크로노스는 100개의 팔을 가진 거인들을 풀어 주지 않았다. 그들의 힘이 무서웠기 때문이다.

또한 크로노스는 티탄들에 대해서는 잘 알고 있었기 때

문에 언제든지 자신의 이익을 얻는 데 그들을 이용할 수 있었다.

하지만 티탄들 가운데 한 명만은 크로노스를 돕지 않았다.

오케아노스는 아들이 아버지에게 상처를 입히고 왕좌를 빼앗았다는 사실이 너무나 끔찍했다. 그래서 크로노스의 계획에 함께하고 싶은 마음이 전혀 없었다.

오케아노스는 세상의 먼 구석으로 물러나 동생의 옳지 못한 통치에 참여하지 않으면서 평화롭게 살았다.

크로노스가 나쁜 짓을 하여 왕좌에 올랐기 때문에 세상은 큰 불행에 휩싸이게 되었다.

밤의 여신 닉스는 크로노스에게 벌을 주기 위해 죽음의 신(타나토스), 악몽의 신, 싸움의 신(에리스), 복수의 신(네메시스)과 다른 무서운 신들도 많이 낳았다.

이제 크로노스는 아버지의 왕좌에서 공포, 속임수, 증오, 고통, 복수심과 전쟁으로 가득한 세상을 다스리게 되었다. 그래서 지금도 신과 인간은 크로노스의 죗값을 치르고 있는 것이다.

크로노스가 자녀들을 삼키다

크로노스는 모든 권력을 가졌지만 커다란 두려움에 사로잡히게 되었다. 그는 자신이 세상을 영원히 지배할 수 있을 거라고 확신할 수가 없었다.

그제야 크로노스는 아버지의 무서운 저주를 떠올렸고, 자신이 아버지인 우라노스를 배반했던 것처럼 자식들이 자신을 배반하게 될까 봐 두려웠다.

마침내 크로노스는 무서운 결심을 하고, 아내 레아에게 아이를 낳을 때마다 모두 자신에게 데려오라고 명령했다.

레아는 아이를 낳을 때마다 크로노스가 시키는 대로 했고, 크로노스는 자신의 아이들을 단숨에 삼켜 버렸다. 이런 식으로 크로노스는 레아가 낳은 다섯 명의 아이들인

헤라, 데메테르, 헤스티아, 하데스, 포세이돈을 삼켰다.

제우스의 탄생

레아는 또다시 아기를 가졌지만 어떻게 해야 할지 알 수 없었다. 레아는 아이를 살리고 싶었지만 그 방법을 찾을 수가 없었다. 그래서 부모인 우라노스와 가이아를 찾아갔다.

그들은 아기를 크레타섬에 있는 딕테산의 동굴에 두면 괜찮을 거라고 가르쳐 주었다. 레아는 이 신성한 동굴에서 아기를 낳았다. 그리고 아기를 낳을 때 도와준 숲속의 요정들에게 아기를 맡겼다. 레아는 크로노스의 궁전으로 다시 돌아와서 아기를 낳을 때의 통증이 온 것처럼 비명을 지르기 시작했다.

크로노스는 아내가 정말 아기를 낳고 있다고 믿었다. 그는 또다시 아내에게 잔인한 명령을 내렸다.

"부인, 일을 빨리 끝냅시다. 당신의 비명 소리를 견딜 수가 없소. 아기가 태어나자마자 내게 안고 오시오."

크로노스는 이런 냉혹한 말을 남기고 레아의 방을 떠났

다. 크로노스가 나가자마자 레아는 천으로 돌을 둘둘 싼 다음 남편에게 갖다주었다.

  크로노스는 아무런 의심 없이 만족스러워하며 그 돌을 삼켰다. 그렇게 해서 목숨을 건진 아이가 제우스였다.

제우스

크레타섬에서 자란 제우스

크로노스가 지배하면서 세상에는 온갖 종류의 악이 생겨났기 때문에 살기가 무척 힘들었다. 이러한 시기에 제우스의 탄생은 희망을 꿈꿀 수 있는 싹이 되었다.

제우스가 살아남은 것은 보다 나은 세상을 위한 몸부림의 시작과도 같았다.

크레타섬의 모든 신들은 딕테산의 동굴에서 햇빛을 처음 보았던 이 아기를 도우려고 서둘렀다. 누군가 그들에게 아기 제우스의 손이 세상을 속박으로부터 해방시켜 줄

거라고 말하는 것만 같았다.

숲의 요정들은 특별한 애정을 가지고 새로 태어난 신을 소중히 여겼다. 그들은 황금 요람에 아기를 눕히고 자장가를 불러 주면서 요람을 부드럽게 흔들었다. 아기가 깨면 아기를 요람에 기대놓고 아름다운 노래를 불러 주었다.

모두들 크로노스가 아기의 울음소리를 듣게 되지 않을까 두려워했다. 그래서 아기가 울기 시작하면 용사들 쿠레테스는 칼이 방패에 맞부딪치는 시끄러운 소리를 내어 무정한 크로노스가 아기의 울음소리를 듣지 못하게 했다.

제우스와 아말테이아

숲의 동물들도 이 작은 신을 사랑했으며, 수많은 방법으로 그를 도왔다. 벌들까지도 어린 제우스에게 날마다 달콤한 꿀을 가져다주었다.

그 가운데 어린 신을 가장 잘 보살펴 준 동물은 신성한 산양 아말테이아였다.

아말테이아는 제우스를 자신의 아기처럼 사랑했다. 어

머니처럼 젖도 주고 제우스를 보호했다.

아말테이아는 제우스가 노는 동안에도 지켜보면서 그의 곁을 떠나지 않았다.

제우스도 아말테이아를 누구 못지않게 사랑했다.

제우스는 아말테이아의 등에 기어오르며 놀 때가 가장 행복했다. 아말테이아는 인내심 많고 친절한 동물이어서 제우스의 모든 장난을 잘 참아 주었다.

그러던 어느 날, 제우스가 장난삼아 아말테이아의 뿔 하나를 잡았다. 그런데 제우스의 힘이 너무 세서 그 뿔이 그만 뽑히고 말았다.

아말테이아는 가슴이 무너지는 것 같았고, 제우스를 원망의 눈길로 바라보았다.

어린 신은 경솔하게 행동한 것을 후회했다. 제우스는 아말테이아에게 슬퍼하지 말라고 애원했다. 그리고 자신이 부러뜨린 뿔이 '풍요의 뿔'이 될 것이며, 원하는 것은 무엇이든지 그 뿔에서 쏟아져 나올 거라고 약속했다.

약속한 일이 정말로 일어났다. 아말테이아가 뿔을 위로 올릴 때마다 무화과, 포도, 사과 등 달콤한 과일들이 입에서 쏟아져 나왔다. 그리고 아말테이아가 먹고 싶다고 생각하는 것이면 무엇이든 얻을 수 있었다.

숲의 모든 동물들은 제우스와 함께 놀았고, 요정들은 아름다운 선물을 주었다. 요정 아드라스테이아는 제우스에게 황금 고리로 짠 멋진 공을 주었다.

어린 신이 그 공을 던지면 공에서 유성처럼 빛나는 꼬리가 뿜어져 나왔다. 제우스는 이 아름다운 선물을 가지고 마음껏 놀았다.

또한 작은 신을 깊이 사랑한 현명한 독수리가 있었다. 독수리는 바다 건너 먼 땅에서 과즙도 갖다주었고, 자기가 가 보았던 먼 곳의 이야기를 들려 주곤 했다.

제우스는 눈을 크게 뜨고 독수리의 이야기를 들었다.

마침내 제우스는 요정들을 놀라게 할 정도로 많은 지식을 갖게 되었다.

이제 제우스는 멋지고, 강하고, 용감한 젊은이가 되었다. 용감함과 해박한 지식에서는 그를 따를 자가 없었다.

그러던 어느 날 독수리가 제우스에게 크로노스에 대해 이야기했다.

"너는 크로노스의 아들이야. 그리고 네 아버지는 자기를 왕좌에서 몰아낼까 봐 네 형제들을 삼켜 버렸어."

제우스가 위대한 결정을 내리다

마침내 제우스는 그동안 있었던 무서운 일들과 아버지가 아직도 악과 무법으로 왕국을 지배하고 있다는 사실을 알게 되었다.

제우스는 아버지를 신들의 왕좌에서 몰아내기로 마음먹었다.

제우스는 일을 어떻게 진행해야 할지 알아보기 위해 곧 크레타섬을 떠났다.

강 가까이에서 제우스는 티탄 오케아노스를 만났다.

오케아노스는 젊은 신을 보는 순간, 자기 앞에 서 있는 게 누구인지 그리고 자신이 원하는 것이 무엇인지 깨달았다.

오케아노스는 제우스에게 말했다.

"나는 너를 돕겠다. 하지만 먼저 네 아버지 배 속에 갇혀 있는 네 형제들을 풀어 주어야만 한다."

메티스와 약

그러고 나서 오케아노스는 딸 메티스를 불렀다.

메티스는 땅에서 자라는 모든 식물에 대해 알고 있는 현명한 오케아니스였다. 오케아노스는 딸에게 크로노스가 삼킨 자녀들을 토하게 할 약이 필요하다고 말했다.

메티스가 적당한 풀을 찾아서 약을 만들기까지는 시간이 별로 걸리지 않았다.

제우스는 약이 든 황금 잔을 가지고 크로노스를 찾아갔다. 그러고는 자신이 누구인지 밝히지 않고 메티스가 만든 약을 최고급 포도주인 것처럼 속여 크로노스에게 건네주는 데 가까스로 성공했다. 한 모금이면 충분했다.

약을 마신 크로노스는 곧 고통스러워하기 시작했다.

그는 더 이상 자녀들을 배 속에 둘 수 없어 토하기 시작했다.

처음에 토한 것은 그가 마지막에 삼켰던 돌이었고, 그 뒤로 다섯 명의 사랑스러운 아이들이 하나씩 하나씩 나왔다. 어린 신들은 아버지의 배 속에서 나오자마자 자신들을 자유롭게 해 준 동생을 껴안으려고 달려왔다.

그제야 크로노스는 속았다는 사실을 깨달았지만 이미

때는 늦었다. 하지만 이것으로 모든 일이 끝나지는 않았다. 위험을 느낀 크로노스는 자신의 강력한 형제인 티탄들에게 도움을 청했다.

반면 제우스는 그의 형제들이 완전히 자랄 때까지 행동할 수 없다는 것을 알았다. 제우스는 형제들이 자랄 때까지 기다려야만 했다.

드디어 때가 오자, 제우스의 형제들은 자신들을 구해준 동생을 도우려고 한자리에 모였다. 다른 신들도 나서 주었는데, 가장 먼저 강력한 오케아노스와 그의 자손들, 즉 각각 권력, 경쟁심, 승리를 상징하는 크라토스, 젤로스, 니케가 합세했다.

또 티탄인 이아페토스의 아들이며 인간을 매우 사랑하는 프로메테우스가 합세했다. 외눈박이 거인 키클로프스들도 제우스에게 적을 맹렬하게 공격할 수 있는 벼락을 주며 도왔다.

제우스 어깨에 걸친 옷이 제우스의 마지막 보호 장치였다. 그 옷은 딕테산에서 제우스에게 젖을 먹였던 신성한 산양인 아말테이아의 가죽으로 만든 것이었다.

이 마술 가죽옷은 누가 그것을 입든지 보호해 주었다. 아말테이아 덕분에 제우스는 아무런 해를 입지 않을 것이다.

전쟁 준비

크로노스는 제우스가 준비하는 것을 보고서는 다른 티탄들을 오소리즈산 위로 불러들였다. 그 산에서는 적의 공격을 잘 막을 수도 있고 적에게 거대한 바위들을 던질 수도 있었다.

제우스와 그를 돕는 신들은 우뚝 솟은 올림포스산에 요새를 만들었다.

이때부터 올림포스산은 그들의 요새가 되었고, 뒷날 그곳에 올림포스 신들의 황금 궁전을 세우게 된다.

전쟁이 시작되기 전에 올림포스 신들은 키클로프스들이 세운 제단 주위에 모여, 정의로운 세상을 위해 싸울 것을 맹세했다. 그들은 승리할 때까지 피 한 방울, 마지막 남은 힘까지 기꺼이 바치기로 했다.

그리고 나서 그들은 창을 휘두르며 올림포스산이 흔들

릴 정도로 돌격 함성을 지르며 티탄들을 공격했다.

그리하여 세상에 일찍이 없었던 티탄들과의 무서운 전쟁이 시작되었다. 그 전쟁은 10년 동안이나 계속되었고 온 세상이 무섭게 파괴될 것 같은 징조가 보였다.

티탄들과의 전쟁

곧 음침한 검은 구름이 해를 가리고, 날은 점점 어두워지고, 바람은 마치 천 명의 악마처럼 아우성치며 큰 폭풍이 되었다. 하늘을 가로질러 흘러가는 구름도 전쟁을 하는 것처럼 서로서로 다른 구름을 쳤다.

제우스의 무서운 천둥소리 때문에 땅이 흔들렸다. 눈을 어지럽히는 번쩍이는 번갯불은 하늘을 갈가리 찢어 놓았다.

벼락이 티탄의 요새에 비처럼 떨어졌다. 그러자 티탄들은 거대한 바위를 움켜쥐고 무서운 힘으로 적을 향해 던졌다.

올림포스 신들은 한치도 물러서지 않고 오소리즈산을 향해 나아갔다. 그들은 이를 갈며 칼과 창으로 티탄들을 덮쳤다.

그들은 흥분한 짐승처럼 싸웠다.

이 야만적인 전쟁이 계속되면서 서로에 대한 증오심이 커져 갔다. 이제는 양편 모두 상대방에 대해 전혀 동정심을 느끼지 않게 되었다.

땅은 흔들리고, 숲은 불타오르고, 바다는 끓고, 몹시 뜨거운 대기는 검은 연기로 소용돌이쳤다.

 전쟁이 벌어지는 동안 시끄럽고 무시무시한 소리가 울려 퍼졌다. 쉿 하는 번갯불 소리에 뒤이어 천둥소리가 꽝 울렸다. 무기들이 맞부딪치는 소리는 지하에서 우르르 울리는 위협적인 소리와 뒤섞였다.

 반면 전사들의 사나운 소리는 거칠게 울부짖는 바람 소리를 뚫었다. 그 소리는 제우스가 불벼락을 치는 소리까지 삼킬 정도로 컸다.

 싸움이 절정에 이르면서, 싸움의 무대는 오소리즈산에서부터 해변으로, 다시 테살리아 평원을 가로질러서 펼쳐졌다.

 전쟁 중 한때 티탄들이 숨 막히는 수증기를 지닌 구름을 적들에게 풀어놓아 신들을 올림포스산으로 물러나게 하기도 했다.

 하지만 곧 올림포스 신들이 있는 힘을 모아 산에서부터 다시 몰려왔다.

 전쟁이 여기저기에서 절정에 이르자 땅, 바다, 하늘은

거대한 지옥으로 변했다. 아직 어느 쪽도 승리를 장담할 수 없었다.

전쟁 도중에 제우스는, 크로노스가 그들의 굉장한 힘이 두려워 구해 주지 않았던 100개의 팔을 가진 거인들을 타르타로스에서 구출해 냈다.

그리하여 산같이 큰 거인들이 싸움에 합세했다. 티탄들은 사나운 기세로 반격했는데, 이때 땅이 너무 흔들려서 타르타로스의 구렁텅이가 드러나면서 쪼개져 열렸다.

티탄들, 거인들과 올림포스 신들이 서로 싸우면서 파괴가 절정에 이르렀다.

무시무시한 지진으로 모든 것이 혼란 속으로 내동댕이쳐졌다. 산들은 바닷속으로 쓰러지고, 바다는 땅 위로 파도쳐 밀려오고, 제우스의 벼락은 커다란 산을 산산조각으로 갈라 놓고, 불은 너무 높이 타서 불길의 혀가 태양을 핥듯이 너울거렸다.

전쟁은 아주 무시무시해서 땅이 타르타로스로 뛰어들어가는 것처럼 보이고, 하늘이 아래로 가라앉는 것같이 보였다.

티탄들의 패배

9년 동안 계속된 지독한 전쟁은 티탄들과 올림포스 신들을 격분하게 만들었다.

하지만 10년째에 들어서면서 티탄들의 힘이 약해지기 시작했고, 땅과 바다에서 두려운 사냥이 시작되었다.

지친 티탄들은 적들의 분노로부터 자신들을 보호하기 위해 이리저리 도망쳤다.

바다에서 가장 먼 곳에서부터 땅에서 멀리 떨어진 구석구석까지 올림포스 신들은 티탄들을 추격했으며, 이 때문에 아직 피해를 입지 않은 곳까지 파괴되었다.

마침내 도망가던 티탄들은 그리스로 돌아가게 되었다. 그리스는 그들이 출발했던 곳이자 그들이 최후를 맞은 곳이기도 하다.

최후의 동요 속에서 올림포스 신들은 티탄들을 향해 모든 것을 파괴하는 허리케인처럼 몸을 던졌다. 티탄들은 바다의 일부가 육지로 휘어 들어가 있는 만에서 거친 야수처럼 반격했다. 땅과 하늘이 뒤섞이고, 불과 물이 소용돌이 속에 갇혀 버리고, 낮과 밤이 더 이상 구별되지 않았다.

이러한 혼돈과 파괴도 충분하지 않은지 100개의 팔을 가진 거인들은 산처럼 거대한 바위 300개를 집어 들고 티탄들의 요새에 한꺼번에 던졌다.

세상에 처음으로 큰 지진이 일어났다. 마침내 지진이 멈추었을 때 이상한 정적이 온 세상에 퍼졌다.

전쟁은 끝났고 티탄들은 패배했다.

이것은 일찍이 없었던 티탄들과의 큰 전쟁이었다. 그리고 이 전쟁은 단순히 환상처럼 들릴지 모르지만, 실제로 일어났던 무서운 큰 재해를 가리키는 것처럼 보인다.

만약 여러분이 그리스를 여행하면서 산산조각 난 산들과 바닷속에 빠진 산들을 마주치게 되면, 그때 이 전설적인 전쟁을 떠올려 보라.

아마도 현재 우리가 지진이나 땅의 자연적 침하의 결과로 알고 있는 것들에서 옛날 이야기꾼들은 티탄들과의 전쟁과 같은 신화를 창조할 수 있는 영감을 얻었을 것이다.

타르타로스로 던져진 티탄들

그러나 이야기는 여기에서 끝나지 않는다.

올림포스 신들은 키클로프스들이 만든 무거운 쇠사슬로 티탄들을 묶어서 타르타로스의 어두운 구렁텅이 속으로 던졌다. 그들은 단단한 철문으로 소름끼치는 감옥을 막고 그 앞에 거대한 거인들을 세워 밤낮으로 지키게 했다.

그 감옥에서 티탄들은 헤아릴 수 없이 오랜 날들을 빛을 그리워하며 묻혀 있었다.

승리자들은 올림포스의 양지바른 비탈로 돌아왔다. 그들은 위대한 승리를 자랑스럽게 여겼지만 땅을 내려다보았을 때 눈이 잔뜩 흐려지고 말았다.

믿을 수 없는 일이 눈앞에 펼쳐져 있었다. 처참한 싸움 끝에 남은 것은 아무것도 없었다. 신들은 땅을 다시 아름답게 만들어야 하는 어려운 임무를 맡게 되었다.

또한 올림포스 신들은 승리의 기쁨을 채 즐기기도 전에 또 다른 무서운 적과 맞서게 되었다.

어머니 가이아는 자신의 자녀인 티탄들에게 너무 가혹했다고 제우스와 다른 신들에게 화가 나 있었다. 그래서 가이아는 타르타로스와 함께 잔 뒤 무서운 괴물 티폰을

낳았다.

 티폰은 높은 산보다 더 큰 거대한 용으로, 검은 혓바닥과 눈에서 불을 번쩍이는 100개의 머리를 가지고 있었다.

티폰의 거친 울부짖음은 사나운 폭풍우처럼 산골짜기에 울려 퍼졌고, 때로는 사자 소리처럼 때로는 화난 수소 소리처럼 들렸다. 대폭풍, 회오리바람과 모든 것을 파괴하는 허리케인이 그 뒤를 따랐다.

 올림포스 신들은 티폰의 힘에 두려움을 느꼈다. 많은 신들이 깜짝 놀라서 이집트로 도망갔다.

 그러나 제우스는 두려워하지 않고 티폰에게 돌진하여 다이아몬드 낫으로 힘껏 내리쳤다. 티폰은 고통으로 크게 울부짖으면서 도망갔다.

 제우스는 티폰을 쫓아가서 세상의 주인이 가진 벼락으로 땅을 다시 한번 흔들었다.

제우스와 티폰의 싸움

 티폰이 지나가는 자리엔 파멸만이 남았다. 회오리바람과 허리케인은 아무것도 남기지 않았다. 모든 숲이 뿌리째 뽑히고, 바위가 높은 곳에서 구르고, 바다의 파도가 산 높이까지 올라가고, 모든 것을 쓸어 갔다.

 드디어 제우스와 티폰은 시리아에 도착했다.

티폰은 만에서 돌아 격렬한 싸움을 시작했다. 티폰은 제우스를 가까스로 붙잡아 뱀이 똬리를 틀 듯이 그를 휘감았다.

그리고 다이아몬드 낫을 낚아채서 제우스의 손과 발의 힘줄을 잘라 내고 그것을 제우스의 몸에서 꺼내 버렸다. 이제 힘을 쓸 수 없게 된 강력한 신은 땅으로 가라앉았다.

  티폰은 곧바로 제우스를 길리기아에 있는 동굴로 끌고 간 다음 동굴 입구를 막을 큰 돌을 찾으러 뛰어나갔다. 티폰이 큰 돌을 찾는 동안, 꾀가 많은 제우스의 아들 헤르메스가 아버지를 돕기 위해 왔다.

  가까스로 제우스의 힘줄을 다시 훔쳐 온 헤르메스는 능숙한 솜씨와 끈기로 그것을 제우스의 손과 발에 다시 꿰매 넣었다.

  티폰은 그제야 무슨 일이 일어났는지 깨달았지만 이미 때는 늦었다.

  제우스는 티폰에게 무자비하게 타는 벼락을 소나기같이 퍼부었다.

  티폰은 울부짖으며 안전한 곳을 찾아 몸을 질질 끌고 달아났다. 그 괴물이 지나갈 때마다 모든 것이 파괴되었다.

  트라키아산맥에 다다르자 티폰은 다시 한번 필사적으로 몸을 돌렸다. 뾰족한 산봉우리들은 괴물의 상처에서 나온 피로 주홍빛 물이 들었다. 그 뒤로 트라키아산맥은 '하에모스' 또는 '피의 산맥'으로 불렸다.

결국 티폰은 시칠리아에서 사로잡혔다.

그곳에서 제우스는 티폰에게 100개의 불벼락을 던져 한번에 그의 머리를 다 태워 버렸다. 티폰은 땅에 가라앉았으며, 똬리를 튼 뱀 모습을 하고는 불에 타 버렸다.

제우스는 괴물을 확실히 죽여 버리기 위해서 산 하나를 들어올려 티폰에게 던졌다.

그러자 괴물을 태워 버린 불이 뾰족한 산봉우리로 뚫고 들어가 화산을 만들었다. 그것이 에트나 화산이며 현재까지 불타고 있다. 티폰은 죽어서 묻힌 곳에서조차 여전히 공포와 파괴를 퍼뜨리고 있다.

신들이 세상을 나누어 가지다

제우스는 다시 한 번 승리를 거두고 올림포스로 돌아왔다. 이제야 신들의 적은 완전히 패배했다. 올림포스 신들은 평화롭게 세상을 다스릴 수 있었다.

가장 먼저 산산조각 난 땅을 비옥하게 만들어야 했고,

사람들이 평화로운 웃음을 지을 수 있도록 해야 했다. 그리하여 신들은 최대한 빨리 질서를 회복하기 위해 세상을 나누어 가졌다.

그들 가운데 가장 강력한 신인 제우스는 당연히 하늘의 주인이 되었다. 포세이돈은 바다의 지배자가 되었고, '플루토'라고도 불리는 하데스는 죽은 사람의 영혼을 거두어 가는 지하 왕국을 물려받았다.

땅과 땅에서 나는 모든 산물은 데메테르의 영역이 되었고, 헤라는 하늘의 여왕이며 결혼을 지키고 보호하며 인간에게 자녀를 주는 신이 되었다.

다른 신들도 올림포스에 많이 살았지만 제우스는 그들의 우두머리로서 신과 인간의 통치자였다.

올림포스

뾰족한 올림포스산 산봉우리 위에 티탄들을 몰아낸 신들의 빛나는 궁전이 세워졌다. 순금으로 만들어진 궁전은 일찍이 세상에서 본 적이 없을 만큼 장엄했으며, 밝고 화려하게 빛났다.

입구에는 '아우어즈'라는 아름다운 세 여신이 서 있었다. 그들은 푸른 하늘이 궁전 지붕 위로 항상 펼쳐질 수 있도록 구름들을 가까이 올 수 없게 했다. 태양은 항상 햇빛을 비춰 주었고, 궁전은 구름 때문에 그늘이 지는 법이 없었다.

빛으로 가득 찬 궁전에는 비도 오지 않고, 바람도 불지 않으며, 춥거나 덥지도 않고 언제나 온화하고 고요했다.

 아우어즈는 신들이 외출했을 때만 궁전을 숨기기 위해 주변에 구름 장막을 드리웠다.

 신들이 돌아올 때면, 세 여신은 구름을 쫓아 버리고 신들의 밝은 궁전이 또다시 금빛으로 화려하게 빛나도록 했다.

 멀리 아래에, 구름이 땅을 덮었다.

 거기에는 봄과 여름이 있고 가을과 추운 겨울이 그 뒤

를 따랐다. 기쁨 뒤에는 슬픔이 왔다. 신들 또한 지독한 슬픔의 순간을 알고 있지만 신들 사이에 슬픔은 잠깐이었고 행복은 곧 돌아왔다.

신들의 궁전 생활

올림포스에서의 생활은 아름다웠다.

신들은 모이면 암브로시아(신들이 먹는, 불로장생할 수 있다는 음식)를 먹었고 넥타르(신들이 마시는 음료)를 마셨으며, 늙지 않고 영원한 젊음을 즐겼다.

사랑스러운 미의 여신 카리테스와 음악의 여신 뮤즈는 춤과 노래를 즐겼다.

그들이 손에 손을 잡고 유쾌하게 노래하고 춤을 추면 신들은 마법에 걸린 듯 매혹되어 앉아 있었다. 뮤즈와 카리테스는 춤을 다 춘 뒤에는 언제나 가장 위대한 신이며 모든 권력을 가진, 신들과 사람들의 아버지인 제우스에게 찬미가를 바쳤다.

모든 신들은 제우스를 아버지로서 우러러보았다. 왜냐하면 제우스는 신들 가운데 가장 힘이 세었고, 크로노스

와 티탄들을 이긴, 다시 말해 무법과 악을 누르고 신들을 승리로 이끌었기 때문이다.

  제우스는 매우 높은 왕좌에 영광스럽게 앉아 있었다. 그의 부인은 하늘의 여왕인 아름다운 헤라였다.

헤라는 호화롭게 옷을 차려 입고 아름다움과 위엄으로 빛을 내며, 제우스의 오른쪽 황금 왕좌에 앉아 있었다.

모든 신들은 그녀에게 걸맞은 존경을 바쳤다. 제우스의 왼쪽에는 전쟁을 증오하는 이렌느와 항상 악에 맞서 전쟁에서 제우스 편을 드는 날개를 단 승리의 여신 니케가 서 있었다.

제우스의 세상 통치

제우스는 하늘의 왕국에서 땅을 굽어보며 모든 것을 다스렸다. 그는 악을 때려 부수고 질서를 잡았다. 제우스는 감히 법을 파괴하는 자들을 쓰러뜨렸다.

만약 제우스가 한번 눈썹을 내리기만 하면 검은 구름이 재빨리 하늘을 가렸다. 화가 나면 그의 얼굴은 쳐다볼 수 없을 만큼 무섭게 변하고 눈에서 불꽃이 번쩍였다.

제우스만이 손을 들어 천둥소리와 번갯불로 하늘을 갈라 놓고 온 세상을 흔들 수 있었다. 그래서 제우스는 평화를 깨는 자들에게 벌을 주고, 인간에게 신들의 법을 잊지 않게 하려고 자신의 힘을 보여 주었다.

그러나 제우스는 사람들이 법을 지키고 자신을 숭배하면 씨를 싹틀 수 있도록 생명을 주는 햇빛과 비를 내렸다. 사람들은 제우스가 내린 자비심의 수확물을 즐겼다.
 법이 지켜지고, 질서가 유지되기 위해 모든 신들은 제

우스를 돕고 그가 명령하면 서둘러 따랐다.

테미스와 저스티스

법의 여신인 테미스는 항상 제우스 옆에 있었다. 테미스는 제우스의 명령을 받으면 그것을 곧 인간에게 전달했다. 세상을 다스리는 자가 내린 법은 땅 위에서 자리잡게 되었다.

다른 여신 저스티스는 옳은 것을 옹호하고 거짓을 증오했다.

저스티스는 불의를 볼 때면 언제나 제우스에게 보고했고, 제우스는 심판 결과를 전했다. 불멸의 제우스가 형을 내린 불법자에게는 재앙이 일어났다.

그 재앙은 더할 수 없이 가혹한 벌이었다.

그러나 법을 어긴 사람이 늦기 전에 뉘우치고 용서를 빌면 제우스는 자비를 베풀어 그를 용서했다. 복수의 여신 에리니스도 더 이상 그를 괴롭히지 않았다.

제우스가 기쁨과 슬픔을 나누어 주다

제우스는 사람들에게 기쁨과 슬픔도 보냈다.

올림포스의 궁전 입구에는 커다란 진흙 항아리가 두 개 놓여 있었다.

항아리 하나에는 세상의 모든 좋은 것들이 들어 있고, 나머지 항아리에는 세상의 모든 악이 들어 있었다.

제우스는 선과 악을 모두 끄집어내어 땅 위에 있는 모든 사람에게 보냈다.

제우스가 악으로 가득 찬 항아리에서 꺼낸 선물을 받은 사람은 불쌍했다. 그는 불행으로 끝날 운명이었다. 그는 불행을 피할 방법이 없었다. 왜냐하면 그것이 신들을 다스리는 통치의 원칙이기 때문이다.

행운의 항아리에서 꺼낸 선물을 받은 사람은 행복했다.

하지만 그러한 경우는 거의 들어 보지 못할 정도로 드물었다.

선과 악을 똑같이 받은 사람은 누구든지 만족해야 한

다. 왜냐하면 사람의 운명 자체가 고통스러운 것이기 때문이다.

전지전능한 신 제우스는 잘라 말했다.

"불멸의 신들도 기쁨과 쓰디쓴 슬픔을 아는데, 고통을 겪는 것은 사람의 운명이다."

쓰인 것은 지울 수 없다

제우스가 기쁨과 고통을 나누어 준다면, 사람의 마지막 운명을 결정하는 것은 제우스의 세 딸인 냉혹한 모이라이이다.

아무도 삶을 다스리는 법을 바꿀 권리가 없기 때문에 제우스는 운명의 세 여신 모이라이의 일에 전혀 참견하지 않았다.

그리하여 모이라이는 무서운 힘을 휘둘렀고, 어떤 애원이나 구도자들 그리고 희생에도 귀를 막았다. 모이라이가 결정한 것이라면 무엇이든지 사람과 신들은 복종해야만 했다.

첫째 딸인 클로토는 모든 사람의 생명의 실을 자아내

어, 각 사람이 얼마나 살 것인지를 결정했다. 실이 끊어지면 생명도 끝나는 것이다.

둘째 딸인 라케시스는 눈을 감고 각 사람에게 떨어질 운명을 분배했다. 좋든 나쁘든 그것은 그 사람의 운명이 되었다.

막내딸인 아트로포스 때문에 누구도 모이라이가 결정한 운명을 바꿀 수가 없었다.

아트로포스는 두 언니에 의해 결정된 것은 무엇이든지 지울 수 없고 바꿀 수 없는 글자로 긴 두루마리에 썼다. 그리고 쓰인 것은 모이라이 자신이라도 지울 수 없었다.

그렇게 모이라이는 잔인하고, 엄격하고, 위엄을 가진 운명의 세 여신이었다.

티케

무자비한 모이라이와는 달리 사람에게 좋은 선물만 주는 친절하고 자비로운 여신이 올림포스에 살고 있었다.

바로 행복과 풍요의 여신 티케였다. 티케는 손에 아말테이아의 뿔을 갖고 있었다.

그것은 제우스가 어릴 때 놀다가 실수로 신성한 산양의 머리에서 뽑았던 바로 그 뿔이다.

걸음이 가벼운 이 여신은 돌아다니다가 마술 뿔로부터 쏟아지는 풍성한 선물을 사람들에게 듬뿍 뿌려 주었다.

그러나 티케의 눈은 항상 가려져 있어서, 그녀의 선물은 아무렇게나 뿌려졌다.

 때로는 정의로운 사람에게, 때로는 정의롭지 못한 사람에게, 때로는 열심히 땀 흘려 일하는 사람에게, 때로는 게으른 사람에게 뿌려졌다.

길에서 티케와 마주치는 사람은 누구든지 운이 좋은 사람이었다. 왜냐하면 여신은 곧 풍요의 뿔을 뒤집어서 선물을 듬뿍 쏟아 주었기 때문이다.

하지만 이런 행복을 맛본 사람은 많지 않았다. 사실 티케와 마주치는 사람은 드물기 때문이다. 게다가 진정으로 행복한 사람은 여전히 적었다. 사람은 돈이 많다는 이유 하나만으로 행복할 수는 없기 때문이다.

제우스의 신탁

제우스는 여러 가지 방법으로 사람들을 도왔다. 그는 도도나에 달콤하고 즙이 많은 도토리가 열리는 신성한 떡갈나무를 갖고 있었다. 사실 이 도토리는 사람이 먹었던 첫 번째 과일이었다고 전해진다.

제우스의 충고를 얻으려는 사람은 신성한 떡갈나무로 왔다. 신에게 제물을 바치고 겸허하게 부탁하면, 산들바람이 일고 떡갈나무 잎 사이로 살랑거리는 소리가 들렸다.

사제는 살랑거리는 소리의 의미를 설명하고 제우스의

신탁(신이 사람을 매개자로 하여 그의 뜻을 나타내거나 사람의 물음에 대답하는 일)을 전했다.

제우스는 누구든지 공평하게 충고를 해 주었다. 도도나에서 제우스의 충고를 들으려고 온 사람

가운데 거절당한 사람은 아무도 없었다.

　제우스를 기념하기 위한 장소 가운데 가장 유명한 곳이 올림포스이다. 이곳에 제우스에게 바치는 가장 훌륭하고 멋진 사원이 세워졌다.

　그리스는 많은 도시 국가로 나누어져 있었지만, 4년마다 함께 올림포스에 모여 신에게 경의를 드리고 유명한 올림픽 경기에 참여했다.

　신성한 포고자(나라에서 일어나는 중요한 일을 사람들에게 알리는 사람)가 온 나라 구석구석에 트럼펫으로 올림픽 경기가 시작되었음을 알렸다.

　전쟁이 진행 중일 때는 올림픽 경기가 중단되었지만, 모든 사람들은 올림픽 경기장에서의 승리를 생각했다. 거기에서 유연한 젊은이들은 달리기, 높이뛰기, 레슬링 등을 비롯한 여러 경기로 서로 경쟁했다.

　그들이 받는 유일한 상은 올리브 화관이었다. 정정당당한 시합을 통해 승리해, 자신뿐만 아니라 도시 국가의 명예까지 드높이는 것이 그들의 단 한 가지 소원이었다.

올림포스의 열두 신

올림포스에서는 많은 신이 살았지만 그 가운데 가장 위대한 신은 열두 명이었다. 물론 그들 중에 최고는 천둥과 번개와 벼락을 휘두르며 하늘을 다스리는, 신과 사람의 아버지인 제우스였다.

다음은 이마에 황금 왕관을 쓴 제우스의 부인 헤라였다. 헤라 또한 하늘을 다스렸고 결혼과 여자들의 수호 신이었다.

그 뒤를 다른 신들이 따른다.

푸른 눈에 창과 투구를 지닌 아테나는 지혜와 예술, 정의로운 전쟁의 여신이다.

리라(고대 그리스의 현악기)를 들고 있는 금발의 아폴론은 빛과 음악의 신이다. 그리고 땅을 흔드는 삼지창을 든 포세이돈은 바다의 신이다.

활을 가진 아르테미스는 달과 숲과 사냥의 여신이며, 날개 달린 아들 에로스와 함께 있는 아름다운 아프로디테는 미와 사랑의 여신이다.

지팡이를 든 채 발을 절룩거리는 헤파이스토스는 불과

공예의 신이다.

   이마에 황금 옥수수 화관을 쓴 데메테르는 농업을 다스리는 신이며, 날개 달린 샌들을 신은 발 빠른 헤르메스는 상업과 제우스의 심부름을 하는 신이다.

   무장한 아레스는 무시무시한 전쟁의 신이다.

   겸손한 헤스티아는 가정과 영원히 타는 난로의 여신이다.

   제우스는 열두 신을 비롯하여 많은 신들과 함께 올림포스를 다스렸으며 세상의 평화와 질서를 유지했다.

   올림포스 열두 신의 삶과 일에 대한 놀랄 만한 신화는 다음 책들의 주제가 될 것이다.

   지금껏 제우스에 대해 이야기했지만 아직도 할 이야기가 많이 남아 있다. 제우스는 가장 강력한 신이므로 신화에 자주 등장한다. 다음에 계속되는 신화에서도 신과 사람을 다스리는 통치자 제우스의 삶과 일에 대해 계속 이야기하게 될 것이다.

헤라

어린 헤라에게 닥친 위험

아주 오랜 옛날, 무시무시한 티탄 크로노스가 신과 사람들을 지배할 때였다.

한 여신이 어린 소녀를 품에 안고 바위 위에 앉아 있었다. 이 여신의 이름은 레아였다. 크로노스의 아내였던 레아는 슬픈 얼굴로 깊은 생각에 잠겨 있었다.

사실 레아에게는 큰 걱정거리가 있었다. 남편인 크로노스가 자식들이 자신을 왕좌에서 몰아낼지도 모른다는 두려움에 사로잡혀 자식들을 모두 없애려 했기 때문이다.

레아는 남편으로부터 아이들을 구하고 싶었다. 그래서 어린 딸 헤라를 품에 안고 어디에 숨길까 고민하고 있었던 것이다.

마침 태양이 막 지고 있었던 때라 레아의 눈앞에는 숨막힐 정도로 아름다운 광경이 펼쳐졌다.

환상적인 해넘이를 보고 있던 레아의 머릿속에 언뜻 좋은 생각이 떠올랐다.

갖가지 색깔의 구름 아래에 있는, 이 세상에서 가장 아름다운 나라인 헤스페리데스가 생각난 것이다. 그곳에는 레아의 언니들인 세 명의 여신, 아우어즈가 살고 있었고 이제 그들의 도움이 필요한 때가 온 것이다.

헤스페리데스는 사람의 손이 닿지 않는 저 바다 너머에 있었다. 한참 뒤에야 신화 속의 영웅인 헤라클레스와 페르세우스가 이곳을 방문하게 된다.

그리고 무엇보다도 크로노스가 그렇게 멀리까지 갈 일이 없었다는 것이었다.

그는 절대로 헤스페리데스를 방문하는 일이 없었다.

헤스페리데스의 땅

"바로 거기에 내 딸을 숨겨야겠어."

레아는 혼잣말을 하고는 바람처럼 빠르게 서쪽으로 출발했다. 지상의 낙원을 찾아가는 여행은 매혹적이었다. 서쪽으로 들어갈수록 주위의 모든 것이 점점 더 아름다워졌다. 하늘, 땅, 바다가 온통 수많은 색깔에 젖은 듯했다.

레아가 헤스페리데스의 땅에 다다르자 아름다운 풍경이 마치 신비로운 힘처럼 그녀를 감싸 안았다. 레아는 순간적으로 넋이 나갈 정도로 황홀했다.

이곳에서 살면서 이곳을 다스리는 여신인 헤스페리스들은 행복했다.

크로노스의 독재로부터 벗어나 이곳에서 살고 있는 세 자매 아우어즈 또한 행복하게 지냈다.

레아의 세 언니는 기쁜 마음으로 동생을 맞으러 나갔다.

하지만 어두운 레아의 얼굴을 보자 그들도 마음이 무거워졌다.

레아는 언니들의 발아래에 어린 딸을 내려놓고는 훌쩍

거리면서 언니들을 한 명씩 한 명씩 끌어안았다.

"전 정말 불행한 엄마예요."

레아는 울면서 말을 이어 나갔다.

"그동안 난 자식들을 뺏기고 살았어요. 남편은 자식들이 커서 자기 자리를 빼앗을까 봐 그들을 삼켜 버렸지요. 마치 자기가 한때 위대했던 자신의 아버지 우라노스의 자리를 빼앗은 것처럼요.

제우스 덕분에 난 자식들을 다시 볼 수 있게 되었어요. 제우스가 크로노스에게 맞서서 내 아이들을 구해 주었지요. 아이들은 다시 밝은 세상의 빛을 보게 되었지만 난 너무 두려워요. 아이들을 다시 잃게 될까 봐 너무 두려워요.

크로노스는 지금 위험한 상황에 있는 터라 언제 또다시 그들을 없애려고 할지 모른답니다.

착한 언니들, 내 딸 헤라를 데려왔어요. 예언에 따르면 헤라는 인간과 신들 모두가 우러러보게 될 여신이 된다고 합니다. 이렇게 머나먼 곳에 있는 한, 크로노스도 헤라를 어떻게 하지는 못할 거예요."

세 언니는 헤라를 기쁜 마음으로 받아들였다. 이제 한

시름 놓은 레아는 다시 그리스를 향해 출발했다.

헤라와 천국의 비밀

세 여신은 헤라를 친딸처럼 보살피며 키웠다. 그들은 헤라와 재미있는 놀이를 하면서 즐겁게 해 주었고, 그녀에게 신과 자연과 세상에 대해 많은 것들을 가르쳐 주었다.

헤라는 눈부실 정도로 아름다운 소녀로 자라났다. 헤라가 지나갈 때마다 숲속의 새와 짐승들이 감탄할 정도였다.

하지만 헤라의 아름다움은 헤라의 지혜로움을 따르지는 못했다. 헤라는 공부하고 배우는 것이 좋았고, 신과 인간을 도울 수 있는 능력 있는 여신으로 거듭나고 싶었다.

그래서 세 여신에게 태양 아래의 모든 것에 대해 끊임없이 질문을 던졌다.

다정한 세 여신은 헤라와 함께 산책을 나가 하늘과 땅을 보여 주었고 겨울, 봄 그다음에 여름이 어떻게 오는지도 알려 주었다.

 자주 산 위로 헤라를 데리고 올라가서 구름과 바다를 보여 주면서 천둥과 번개와 폭풍이 왜 생기는지 설명해 주었다.
 밤이 되면 별이 반짝이는 하늘을 보여 주면서 별을 어떻게 읽는지 알려 주곤 했다.
 헤라는 세 여신이 가르쳐 주는 것이라면 아무리 들어도 질리지 않았다.

　헤라는 이제 하늘의 모든 신비를 배웠으며 자기 안에서 꿈틀대는 신의 힘을 느낄 수가 있었다.

　하늘을 사랑한 헤라는 발랄한 목소리로 이렇게 외치곤 했다.

　"아, 내가 저 하늘의 여왕이 될 수 있다면 얼마나 좋을까!"

　하늘의 여신 이리스는

헤라를 무척 예뻐했다. 이리스는 헤라를 기쁘게 해 주려고 자주 하늘에 너무나도 고운 빛깔의 무지개를 걸어 주었다.

하늘에 무지개가 걸릴 때면 헤라는 너무나 아름다워서 눈을 떼지 못했다.

아름다운 헤스페리데스에는 헤라가 특히 사랑하는 별밤을 닮은 새가 있었다. 이 새는 커다란 꼬리를 가진 공작새였는데, 이후 헤라에게는 둘도 없는 동반자가 되었다.

어느 날 헤라는 바다 주위에 있는 바위 끝에 혼자 앉아 있었다.

세 여신은 그녀에게 날씨를 조절하는 기법을 가르쳐 주었는데, 이제 헤라는 자신의 능력이 어느 정도인지 시험해 보고 싶었다.

헤라는 손을 살짝 올려 보았다. 그러자 하늘은 온통 검은 구름으로 뒤덮였고, 잠잠하던 세상은 천둥과 번개 속에서 갈피를 잡지 못했다. 생명의 비는 마른 땅을 적셔 주었다.

헤라는 자신이 위대한 힘을 지닌 여신이 되었다는 사실

을 알게 되자 너무나도 기뻤다. 그녀의 아름다운 얼굴은 눈이 부실 지경이었다.

헤라와 제우스

바로 그때, 독수리 한 마리가 헤라를 향해 빙글빙글 날며 다가왔다. 독수리의 등에는 잘생긴 청년이 앉아 있었다. 앞으로 하늘과 땅을 다스리게 될 제우스 신이었다.

제우스는 독수리의 등에서 내린 뒤 헤라에게 다가가며 말했다.

"하늘에 명령을 내리는 아름다운 여신이 당신인가요?"

"예, 그렇습니다."

헤라는 겸손하게 대답했다.

"시간의 여신인 제 이모들한테서 배운 기술입니다. 저는 하늘을 사랑합니다. 그리고 제 꿈은……."

"하늘의 여왕이 되는 거지요?"

헤라의 마음을 읽어 버린 제우스가 대답했다.

"나와 함께 독수리를 타고 그리스로 갑시다. 만약 당신이 원한다면 내 아내가 되어 주오."

 헤라는 더 이상 망설이지 않았다. 이미 제우스의 믿음
직스럽고 헌신적인 아내가 되겠다고 결심했기 때문이다.
 헤라는 제우스 덕분에 자유를 얻었다는 것을 알았고 그
의 용맹성 또한 알고 있었다.

그래서 그녀는 기쁜 마음으로 제우스와 함께 독수리의 등에 올라탔다.

그리스로의 비행

그들은 곧 하늘로 날아올라 세 여신에게 작별 인사를 했다. 둘 사이에 일어난 일들을 보고 있던 세 여신은 눈물을 흘리면서 헤라와 그의 동반자에게 행복이 가득하기를 바랐다.

독수리는 헤라를 아리따운 여성으로 길러 준 헤스페리데스를 향해 마지막 작별 인사를 하듯, 그 위를 커다란 원을 그리며 돌았다. 그러고는 곧바로 그리스를 향해 날아갔다.

제우스와 헤라를 등에 태운 독수리는 전속력으로 날아 눈 깜짝할 사이에 그리스 위를 날고 있었다.

헤라는 자신의 고향을 넋이 나간 채 바라보았다. 올림포스산을 존경의 눈빛으로 쳐다보았고 이다산을 보고 기뻐했으며 처음으로 아르고스, 미케네 그리고 사모스를 볼 수 있었다.

헤라의 위대한 아버지 크로노스의 땅은 정말 아름다웠다.

하지만 제우스는 곧 헤라에게 크로노스의 잔인함과 그가 얼마나 헤라와 그녀의 오빠들을 없애고 싶어 했는지 말해 주었다.

"티탄 오케아노스와 그의 딸 메티스의 도움으로 그대를 겨우 구할 수 있었소."

제우스는 계속해서 크로노스의 통치가 얼마나 잔인한지, 그리고 세상에 악한 일들이 얼마나 많이 벌어지고 있는지에 대해 설명해 주었다.

"크로노스와 티탄들을 신의 왕좌에서 밀어내고 이 땅을 다시 질서와 정의로 다스릴 수 있도록 하는 것이 우리의 의무이자 운명이오."

헤라는 정신을 차리고 제우스의 이야기를 들었다. 그녀는 가슴을 울리는 호소력 있는 이야기를 들으면서 자신이 도움이 될 만한 일이라면 뭐든지 하겠다고 마음먹었다.

힘든 세월이 흘러갔다.

크로노스와 티탄들과 무시무시한 전쟁을 벌이는 동안,

헤라는 제우스와 함께 온 힘을 다해 싸우면서도 불평 한 마디 하지 않고 꿋꿋하게 버텼다.

마침내 전쟁에서 승리하자 제우스는 신과 인간을 다스리는 강력한 지도자가 되었다.

헤라는 너무 기뻐 가슴이 터질 듯했다.

곧 헤라는 하늘과 올림포스의 황제인 제우스와 결혼할 예정이었다. 그러면 그녀 또한 제우스의 아내로서 하늘을 다스리게 될 것이었다.

마침내 헤라가 소녀 시절부터 간절하게 바라던 꿈이 이루어지게 된 것이었다.

동화 같은 결혼식

올림포스에서는 상상을 뛰어넘는 화려한 결혼식 준비가 한창이었다.

미의 세 여신 카리테스는 헤라에게 금실로 짠 가운을 입히고 값비싼 귀고리, 목걸이에 팔찌를 장식해 주었다. 그러고 나서 그녀의 비단결 같은 머리 위에 왕관을 씌워 주었다.

한편 이리스는 무지개 빛깔에 거미줄로 만든 것처럼 하늘거리는 기다란 면사포를 선사해 주었다.

그렇게 치장을 마친 헤라는 아름답고 싱싱한 젊음으로 빛나는 모습이었고, 올림포스의 여왕으로서 전혀 손색이 없었다.

헤라는 제우스 옆에 있는 커다란 금색 왕좌에 당당하게 앉았다. 그들의 발 아래에는 모든 신들이 가져온 소중한 선물들이 가득 쌓여 있었다.

갑자기 성 안에서 금사과가 달린 나무가 자라났다. 신들은 아름답고 화려한 나무에 넋을 잃고 놀라서 한참 동안 바라보았다.

하지만 곧 대지의 여신 가이아가 헤라와 제우스의 결혼식을 축하하기 위해 보낸 선물임을 알게 되었다.

이모인 아우어즈는 헤라를 기쁘게 해 주려고 가장 아름다운 봄날을 가져왔다. 올림포스 궁전 안은 시원한 봄바람이 전해 주는 꽃향기로 가득했다.

헤라가 행복에 젖어 있을 때, 하늘에서 들려오는 달콤한 멜로디가 그녀를 감쌌다. 신들의 음악이 그녀의 귀에

들렸다. 그것은 뮤즈, 카리테스, 올림포스의 모든 신들이 목소리를 높여 위대한 한 쌍을 칭송하는 노래였다.

 아폴론은 자신의 리라를, 헤르메스는 피리를, 그리고 날개 달린 아기 천사들은 피리와 나팔을 연주하고 있었다.

 말로 표현할 수 없는 아름다운 음악이었다. 음악은 곧 올림포스 밖에서 들리는 다른 목소리들에 의해 계속 이

어졌다. 숲속에서는 드리아스(나무의 요정)들이, 강가와 바닷가에서는 요정들과 오케아니스들이 노래를 부르고 있었다.

이제 신들의 음악은 지구 저 끝까지 울려 퍼지고 있었다.

제우스와 헤라는 궁전 밖으로 나와 노래를 들었다. 다른 신들도 무언가에 홀린 듯이 그들 뒤를 따라 나왔다.

그들은 길게 줄지어 갖가지 색깔의 구름 위를 걸어서 산과 바다 위를 계속 지나갔다. 상큼한 봄의 자연이 여왕 헤라와 전지전능한 제우스 신을 찬양했다.

아름다움으로 빛나는 헤라는 자랑스럽게 남편 옆에서 거닐면서 온 세상이 자신을 최고의 여성으로 만들어 주는 그 순간을 마음껏 즐겼다. 그녀는 이 세상을 도울 수 있는 일이라면 모든 것을 다 하리라 마음먹었다.

늑장 부린 헬로네

이렇듯 모든 신들과 자연이 성스러운 결혼식을 축복해 주고 있는데도 이 잔치에 가기 싫어한 어리석은 요정이

있었다.

 '헬로네'라는 이 요정은 제대로 걷지 못하는 척을 했다. 헬로네는 올림포스에 갈 마음이 없었기 때문에 아주 천천히 걸어가고 있었다.

 결혼식이 벌써 다 끝났는데도 헬로네는 아직도 멀리 있

었다. 그러면서도 최대한 빨리 가고 있는 척을 했다. 실제로는 최대한 느리게 가고 있었으면서도 말이다.

헤라는 이 사실을 알고 너무 화가 났다. 그래서 기쁜 결혼식 날이었는데도 헬로네를 그냥 둘 수가 없었다.

헤라는 헬로네가 결혼식장으로 향하던 속도보다 더 빨리 움직일 수 없도록 딱딱한 껍질 속에 갇힌 동물로 만들어 버렸다. 이 동물은 오늘날 우리가 거북이라고 부르는 동물과 아주 비슷했다.

그리스 사람들은 이 동물을 '헬로네'라고 부른다.

이제 헤라는 올림포스의 지배자였고 제우스처럼 권력을 갖고 있었다. 그녀는 두 마리의 멋진 말이 이끄는 황금마차를 타고 다녔고, 제우스와 함께 하늘과 구름, 비와 천둥 번개와 폭풍우를 관장했다.

헤라는 하늘에서뿐만 아니라 땅에서도 힘이 막강했다. 여신 중의 으뜸이었던 그녀는 인간 사이에서도 으뜸이었으며 모든 여성의 보호자이기도 했다.

헤라는 모든 결혼식에 꼭 참석했다. 그녀는 믿음 깊고 헌신적인 부인의 완벽한 모델이 되어서, 모든 사람의 아내들이 자신과 같은 헌신을 보여 주며 행복한 가정을 꾸리기를 간절히 원했다.

따라서 헤라는 자신의 맹세를 저버리는 여자는 절대로 용서하지 않았다.

특히 자신과 제우스 사이에 끼어드는 여자는 몇백 배 더 심하게 벌을 받아야 했다.

헤라와 이오

아르고스의 아름다운 공주인 이오가 제우스의 관심을 빼앗아 갔을 때 헤라의 분노는 이루 말할 수가 없었다.

사실 이오 공주의 잘못이 아니었다. 제우스처럼 전지전능한 신을 힘없는 인간이 어떻게 거부할 수 있겠는가?

제우스는 언제나 다른 사람의 마음을 생각하기 전에 자신이 원하는 대로 해 버렸다. 헌신적인 아내인 헤라에게도 똑같이 행동했다.

헤라는 이런 일들로 큰 고통을 겪었지만 온 세상의 지배자인 남편에게 대들 수는 없었다. 제우스가 이오를 원하자 헤라의 분노의 화살은 불쌍한 공주에게로 향했다.

이오 공주가 헤라의 분노 때문에 겪어야 했던 고통이란 정말 끔찍했다.

제우스는 이오를 보호하기 위해 헤라의 눈에 띄지 않는 하얀 암소로 만들었다. 하지만 소용없는 일이었다.

헤라는 눈처럼 흰 암소를 보자마자 이오임을 확신하고

제우스에게 그 아름다운 짐승을 선물로 달라고 했다.

아내의 부탁을 거절할 수 없었던 제우스는 암소를 헤라에게 주었다.

헤라는 암소를 언덕 꼭대기로 끌고 가서 나무에 묶어 두고는 무시무시한 거인 아르고스를 시켜 지키게 했다.

아르고스는 눈이 100개 달린 거인이었기 때문에 그에게서 도망친다는 것은 불가능했다. 아르고스는 잠을 잘 때에도 50개의 눈을 부릅뜨고 망을 보았다.

불쌍한 이오 공주는 괴로워하며 절박한 표정으로 하늘만 바라보았다. 마치 제우스에게 도움을 청하는 것 같았다.

제우스는 이오 공주의 불행한 모습을 보자 마음이 아팠고 불쌍하게 여겨졌다.

그래서 영리한 헤르메스를 불러 어떻게든 그녀를 풀어 주라고 명령을 내렸다.

헤르메스, 이오를 구출하다

헤르메스는 곧바로 아르고스가 있는 곳에 도착했다. 그

는 암소에는 전혀 관심이 없다는 듯이 아르고스에게 친근하게 말을 걸며 다가갔다. 그러고는 아르고스를 기쁘게 해 주려는 듯이 피리를 꺼내 불기 시작했다.

하지만 헤르메스가 연주한 음악은 자장가였다. 자장가

가 너무나 달콤하고 부드러워서 사나운 아르고스는 100개의 눈이 하나씩, 하나씩 감길 정도로 깊은 잠에 빠지고 말았다.

마침내 헤르메스는 이오 공주를 풀어 줄 수 있었다.

추적이 시작되다

하지만 이오 공주의 고통은 여기에서 끝나지 않았다.

하얀 암소가 풀려났다는 소식을 들은 헤라는 곧바로 끔찍하게 생긴 쇠등에를 쫓아 보냈다. 이 쇠등에는 박쥐만큼 커다란데다 가 맞으면 매우 아픈 독침을 갖고 있었다.

쇠등에의 침을 처음 맞아 본 이오는 너무 놀라 공중으로 펄쩍 뛰어오르고는 마구 도망가기 시작했다. 하지만 쇠등에는 끊임없이 이오를 쫓아가서 계속 독침을 쏘아 댔다. 미칠 정도로 고통에 휩싸인 이오는 온 힘을 다해 도망쳤지만, 쇠등에는 계속 달려들어 그녀의 살 속에 독침을 놓았다.

이오는 바닷가에서 바닷가로 계속 쫓겨 다녀야 했다. 바다로 뛰어들면 고통에서 벗어날까 싶어 바닷속으로 뛰어들었다. 그래서 뒷날 사람들은 그 바다를 이오니아 해라고 부르고 있다.

하지만 바다의 물결에도 아랑곳하지 않고 쇠등에는 계속 쫓아와서 이오를 괴롭혔다.

이오는 다시 물가로 올라와서 트라키아 방향으로 돌진해 나갔다. 거기에서부터 이오는 북쪽으로 달려서 스키타

이를 지나 마침내 카프카스산맥에 도착했다.

그곳은 위대한 예언자인 거인 프로메테우스가 제우스의 명령으로 쇠사슬에 묶인 채 바위에 묶여 있는 곳이었다.

카프카스산맥으로 간 이오

온몸이 물거품 때문에 얼룩덜룩해지고 100여 군데의 상처에서 피가 흐르는 이오의 모습은 더 이상 예전의 아리따운 공주가 아니었다.

이오는 묶여 있는 거인 앞에 서서 간절한 눈빛으로 말했다.

"위대하신 프로메테우스여, 신들과 인간의 운명을 아는 그대에게 간청합니다. 당신의 괴로움을 잠시 잊으시고 제발 제 고통이 언제, 그리고 어디에서 끝나는지 알려 주세요!"

프로메테우스가 대답했다.

"나일 강이 바다를 만나는 이집트로 가라. 그곳은 아주 멀리 있다. 네 방황은 끝이 없어 보일 것이고 이집트에 도착하기까지 많은 고통을 받을 것이다. 하지만 이집트에서 그대는 구원을 얻어 다시 여자로 돌아갈 수 있을 것이다."

프로메테우스는 이 말을 하고 나서 고통의 비명을 질렀다. 제우스가 보낸 독수리가 날아와 사슬에 묶여 있는 거인의 내장을 파고들었기 때문이었다.

이집트에 도착한 이오

가련한 이오는 쇠등에에게 다시 쫓기면서 미친 짐승처럼 달렸다. 눈 덮인 카프카스산맥을 지나 미친 듯이 달려서 아마존에 다다랐다. 그날부터 사람들은 이곳을 '이오니아'라고 부른다.

이오는 다시 머리카락 대신에 독사를 달고 있는 고르곤들이 가득한 바다를 건넜다. 그녀는 고르곤들의 손아귀에서 도망쳐서 다시 바닷가에 겨우 도착했다. 하지만 이오는 그곳이 외눈박이 콘도르가 하늘을 꽉 메우고 있는 땅임을 깨달았다.

이오의 아물지 않은 상처에서 풍겨 나오는 피 냄새를 맡은 콘도르들은 그녀에게 날아들어 무자비한 부리로 그녀의 몸을 찢었다.

그들에게서 벗어나려고 미친 듯이 달리던 이오는 말라 갈라진 입술을 축일 만한 물 한 방울도 찾을 수 없는 거대한 사막에서 길을 잃었다. 그리고 쇠등에는 이오를 계속 쫓아와서 독침으로 그녀의 살을 찌르고 있었다.

드디어 이오는 수많은 방황 끝에 에티오피아의 산맥에

도착해서 나일강의 근원을 찾게 되었다. 그것을 보자 이오는 마지막 힘을 내어 북쪽으로 달리기 시작했다.

바로 이것이 그녀의 괴로움이 끝나는 마지막 길이었지만 거기서도 쇠등에는 이오를 잠시도 그냥 놔두지 않았다.

이집트에서

마침내 이오는 이집트에 도착했고 나일 강가에서 그녀 앞에 서 있는 제우스를 발견했다. 이오의 고통은 이제 끝난 것이었다.

제우스는 곧바로 쇠등에를 죽이고 이오의 머리에 손을 얹었다. 그러자 이오는 다시 아름다운 공주로 돌아왔다.

제우스는 그 즉시 올림포스로 돌아갔지만 이오의 머리를 살짝 건드린 것만으로도 아들을 잉태하게 했다.

이오는 아들의 이름을 '접촉'이라는 뜻의 '에파포스'라고 불렀다. 이 아이가 이집트의 창시자이자 첫 왕이 되었고 수많은 영웅들의 시조가 되었다. 그리스를 통틀어 가장 위대한 영웅인 헤라클레스도 그의 후손이었다.

신들의 식탁에 앉은 익시온

헤라의 소원은 신들과 사람들에게 좋은 아내가 어떤 것인지 몸으로 직접 보여 주는 것이었다. 제우스를 향한 헌신은 누구에게나 다 알려져 있었기 때문에 모두들 그녀를 존경했다.

하지만 헤라를 유혹하려는 자가 있었으니 그의 이름은 익시온이었다.

익시온은 테살리아의 왕으로서 라피테스족을 다스리던 폭군이었다. 그는 나쁜 짓을 많이 했기 때문에 신과 사람들 모두 그를 나라에서 몰아내려고 힘을 모았다.

익시온은 도망쳤지만 그 어디에도 숨을 곳이 없었다. 사람들은 그를 보면 돌과 몽둥이를 들고 쫓아 버렸고, 아무도 없는 곳에서 잠시 숨을 돌리려고 앉아 있으면 신이 나타나 그를 내몰곤 했다.

결국 익시온은 제우스의 신전까지 오게 되었다.

익시온의 옷은 갈기갈기 찢겨 있었고 몸은 온통 피와 먼지투성이였다. 한때 테살리아의 위대하고 무시무시한 왕이었다는 사실이 믿기지 않을 정도였다.

제우스가 인자하다는 사실을 잘 아는 익시온은 두려움을 물리치고 그의 신전으로 들어갔다.

익시온은 신전 안에 들어서자마자 너무 지쳐서 바닥에 쓰러지고 말았다.

하지만 다시 기운을 차리고 일어나서는 무릎을 꿇고 손을 높이 쳐들고 외치기 시작했다.

"오, 이방인이든 임금이든 거지이든 상관없이 모두를 보호해 주시는 제우스 신이시여, 저를 받아 주소서. 이렇게 용서를 비오니 저를 받아 주소서."

제우스는 한때 위대했던 익시온이 초라한 꼴이 되자 불쌍하게 느껴졌다. 그래서 그를 신과 사람들의 엄청난 분노에서 구하기 위해 올림포스로 데려왔다. 그리고 신들의 식탁에서 헤라 바로 옆자리에 앉혔다.

익시온은 신들과 함께 암브로시아와 넥타르를 마시고 그들과 같은 불멸의 존재가 되었다.

하지만 익시온은 이것만으로 만족하지 않고 제우스의 아내인 헤라를 유혹했다.

헤라는 좋은 말로 그를 설득시키려고 노력했다. 헤라는 익시온에게 자신은 결혼을 관장하는 신이지, 결혼의 맹세를 깨는 신이 아니라는 것을 알려 주었다.

하지만 익시온은 헤라의 말을 듣는 척도 하지 않았다. 또한 그는 헤라를 원한다는 사실을 감추지 않았고 올림포스의 모든 이들이 그것을 알게끔 행동했다.

제우스는 친절을 베풀어 준 대가가 고작 이것인가 싶어 그 사실을 믿을 수가 없었다. 제우스는 익시온의 배은망덕이 어디까지인지를 알아보려고 '네펠레'라는 구름의 정령을 헤라의 모습으로 변하게 만들었다.

네펠레를 헤라라고 생각한 익시온은 그녀를 범했고 그녀는 아이까지 낳게 되었다. 익시온과 네펠레 사이에서 태어난 아이는 그들의 결합만큼이나 기괴했다. 반은 사람이며 반은 말인 괴물 켄타우로스가 태어난 것이었다.

제우스는 익시온에게 벌을 내리지 않을 수 없었다. 그래서 헤르메스에게 그를 잡아 와서 바퀴에다 뱀으로 묶고 그 밑에 불을 지피라고 명령했다.

그날 이후로 불멸의 익시온은 불꽃 속에서 뱀에게 잡힌 채 이렇게 외치고 있다.

"호의는 신성한 것이다!"

신들에게 술을 따르는 헤베

헤라와 제우스에게는 '헤파이스토스'와 '아레스'라는 두 아들이 있었다. 그리고 '젊음'이라는 뜻을 지닌 딸 헤베가 있었다.

헤베는 무척이나 착한 효녀였다. 어머니를 위해 마차와 말을 준비해 놓고 오빠 아레스를 위해 빨래도 해 주었다.

하지만 헤베가 가장 좋아하는 일은 신들에게 황금 그릇과 신성한 술잔에 암브로시아와 넥타르를 나눠 주는 일이었다.

암브로시아는 신들이 영원히 늙지 않도록 해 주는 음식이었다. 헤베는 이 음식을 주는 것을 좋아했다. 왜냐하면 신들에게 영원한 젊음을 줄 수 있었고, 이는 그녀의 이름에 걸맞은 일이었기 때문이었다.

헤베는 올림포스의 모든 이로부터 사랑을 받았지만 특히 부모님한테는 보석 같은 존재였다. 그리고 뒷날 헤라클레스가 신이 되자 제우스와 헤라는 그를 헤베와 결혼시켰다.

헤베는 결혼한 뒤에도 부모의 일을 도왔으며 특히 어머

니 헤라에게는 큰 힘이 되었다. 사람들이 헤라를 기리기 위해 축제를 열 때 헤베는 언제나 그녀 곁에 있었다.

 헤베는 헤라를 위한 가장 훌륭한 신전이 있는 아르고스에 자주 가곤 했다.

헤라이온 신전에서

하지만 헤베가 가장 사랑한 신전은 올림피아에 있는 헤라이온이었다.

그곳에서는 소녀들이 헤라를 기념하는 달리기 시합을 벌였다. 그 시합에서 일등을 한 소녀에게는 월계관이 씌워졌고, 그리스의 모든 소녀 가운데에서 으뜸으로 여겨지는 최고의 영광을 얻을 수 있었다.

아프로디테

아프로디테의 탄생

먼 옛날 어느 봄날 아침, 머나먼 땅 키프로스에서 요정들과 드리아스들은 뭔가에 놀라 잠에서 깼다.

그날 아침은 뭔가 달랐다. 다른 날보다 더 시원했고 향기로웠다. 빛은 더 선명했고 땅은 더 푸르렀다. 하늘은 더 파랬고 꽃들은 더 많이, 더 아름답게 피어 있었고 새들과 짐승들도 더 행복해 보였다.

도대체 무슨 일이 일어난 것일까?

수수께끼는 곧 풀렸다. 파도 속에서 새 여신이 태어나

섬에 발을 내디딘 것이었다. 그녀는 우라노스의 딸이자 미와 사랑의 여신 아프로디테였다.

어떻게 이런 일이 있을 수 있었을까?

신과 인간의 왕이었던 우라노스가 잔인한 크로노스의 낫에 상처를 입고 왕좌를 빼앗겼을 때, 키테라섬 근처 바다로 그의 살점 한 조각이 떨어졌다.

살점이 떨어진 자리에서는 작은 거품이 생겼다. 그 거품이 계속해서 자라고 또 자라더니 어느 날 갑자기 커다랗고 흰 거품 덩어리 안에서 소녀가 튀어나왔다. 그녀가 바로 우라노스와 거품 사이에서 태어난, 그 어떤 신이나 사람보다 아름다운 아프로디테였던 것이다.

아름다운 여신이 나타나자 바다는 기쁨으로 부풀어올랐고 물고기들은 그녀를 기쁘게 해 주려고 거품 속으로 뛰어들었다. 갈매기들이 마차와도 같은 커다란 조개 껍질을 가져오자 아프로디테는 그 속에 앉았다.

갈매기들은 기뻐서 까악까악거리며 날개를 퍼덕여서 바닷속의 마차를 물결 사이로 끌어 키프로스에 다다랐다.

아프로디테가 섬에 발을 내딛자 모든 자연이 기뻐했다.

그녀가 지나간 길에는 여러 빛깔의 향기로운 꽃들이 피어났으며 그녀의 발 아래에는 파릇파릇한 잔디가 돋아났다. 숲속의 새들은 유쾌하게 지저귀고 있었다.

치장한 아프로디테

아우어즈와 카리테스 여신은 두 손을 활짝 벌려 아프로디테를 반겼으며 곧 그녀를 예쁘게 치장해 주었다.

그들은 아름다운 여신에게 빛나는 드레스를 입혀 주었다. 그녀의 금빛 머리를 빗겨 주자 비단결 같은 아름다운 머리가 더욱 빛났다.

그리고 향기로운 제비꽃

으로 장식된 황금 왕관을 씌워 주었다.

눈부신 귀고리를 그녀의 귀에, 그들이 아끼는 금목걸이를 그녀의 목에 걸어 주었다. 아프로디테의 아름다운 손에는 반짝거리는 반지와 팔찌가 장식되었다.

이렇게 해서 세상에서 가장 아름다운 여신이자 소녀인 아프로디테는 세상에서 가장 고귀하고 아름다운 여신들이 꾸며 준 아름다운 보석으로 치장했다.

아프로디테의 몸에서 나오는 아름다운 광채는 세상을 변화시켰다. 태양은 더 밝게 빛났고 새들은 더 달콤하게 지저귀었다. 야생 동물들은 아프로디테가 지나가기를 기다렸다가 그녀 주위를 기쁘게 뛰어다녔다.

아프로디테는 우아한 기품과 아름다움에서 나오는 힘을 만끽하며 자랑스럽게 자연 속을 거닐었다.

아우어즈와 카리테스가 아프로디테를 크게 굽이치는 구름 위에 싣고 올림포스로 쏜살같이 데려갔다.

올림포스에 있던 신들은 아프로디테를 보자마자 그녀의 아름다움에 놀라 잠깐 동안 장님이 되어 버린 듯했다. 그들은 곧 그녀가 누구인지를 깨닫고 급히 반기며 맞아들였다.

    누구든 미의 여신인 아프로디테의 매력을 거부할 수 없었다. 모두들 그녀와 얘기하고 싶어 했고 함께 있고 싶어 했다.

    아프로디테는 항상 기품 있게 이야기했는데, 그럴 때 그녀의 우아한 얼굴은 행복으로 빛났다. 그리고 그녀의 달콤한 언어들은 매력적인 미소, 매혹적인 몸짓, 그녀만의 표정으로 듣는 이들을 사로잡았다.

    아프로디테는 영원한 아름다움의 여왕이었고 사랑의 여신이었다. 올림포스산의 꼭대기에서 아프로디테는 사람들의 마음을 다스렸다.

    아프로디테의 귀여운 아들인 날개 달린 에로스는 절대로 과녁을 비껴가지 않는 활을 가지고 그녀를 도왔다. 에로스의 도움으로 아프로디테는 인간의 슬픔과 기쁨, 행복과 쓰디쓴 절망을 다스렸다.

    신들 역시 그녀의 날카로운 공격 앞에서는 꼼짝하지 못했다. 아프로디테 여신의 힘 앞에서는 신도 인간도 아무런 저항을 할 수 없었기 때문이다.

아프로디테는 진정한 사랑을 아는 이들을 모두 보호해 주었다. 그리고 세상의 생물 가운데에서 비둘기를 가장 사랑했다. 비둘기들은 태어나면서부터 짝을 맺어 죽는 순간까지 그 사랑을 지켰기 때문이었다.

사랑의 여신으로서 아프로디테가 한 일 가운데 하나는 결혼을 보호하고 결혼의 맹세가 지켜지는지를 지켜보는 것이었다. 아프로디테는 결혼 약속을 어기는 사람들을 가장 싫어했으며 자신이 한 말을 지키지 않는 사람들을 보면 분노했다.

알키다모스는 바로 그런 이유로 벌을 받았다.

크티실라와 에르모하리스

어느 종교 축제에서 아테네 청년인 에르모하리스는 알키다모스의 딸, 크티실라를 보자마자 한눈에 사랑에 빠지고 말았다.

그는 위대한 사랑의 상징인 사과를 따서 거기에 몇 단어 적어 크티실라에게 던졌다.

아리따운 크티실라는 그 사과를 받아 들었고 그때의 관

습대로 적혀 있는 구절을 큰 소리로 읽었다. 에르모하리스는 크티실라를 아내로 맞이할 것을 아프로디테 여신 앞에서 맹세했다.

하지만 에르모하리스의 행동에 부끄러움을 느낀 크티실라는 다시 사과를 그에게 던졌고 재빨리 집으로 돌아

갔다.

이미 깊은 사랑에 빠진 에르모하리스는 크티실라의 아버지를 찾아가서 그녀와의 결혼을 허락해 달라고 부탁했다. 알키다모스는 에르모하리스가 좋은 젊은이인 것을 알아차리고 결혼을 허락했다.

에르모하리스는 기쁜 마음으로 집에 돌아가 부모님께 말씀드렸고 그들 역시 행복해했다.

　가장 행복했던 사람은 크티실라였다. 에르모하리스가 정직하고 성숙한 젊은이라는 것을 깨닫고 그를 진심으로 사랑하게 될 것 같았기 때문이다.

　하지만 일은 그렇게 행복하게 진행되지 않았다. 얼마 안 있어서 알키다모스가 아무와도 의논하지 않고 파혼하기로 결정했다. 부잣집 청년이 크티실라에게 청혼했기 때문이었다.

　에르모하리스는 이 소식을 듣자마자 크티실라를 찾아갔다. 하지만 그녀를 어디에서도 찾을 수가 없었다.

　에르모하리스는 온 도시를 뒤지고 주위의 숲도 뒤졌다. 땅거미가 질 무렵 그는 지친 몸으로 신전 안으로 들어갔다.

　그리고 신전에서 크티실라를 만나게 되었다. 크티실라는 아버지의 매몰찬 결정에 절망하고 신들의 도움을 구하기 위해 그곳에 갔었던 것이다.

　"크티실라!"

크티실라가 그 소리를 미처 다 듣기도 전에 그들은 이미 서로의 품 속에서 눈물을 흘리고 있었다.

크티실라는 자신이 에르모하리스 없이는 살 수 없다는 것을 깨달았다.

그래서 그녀는 아프로디테의 축복을 구하며 평생 그의 동반자가 될 것을 맹세했다.

크티실라의 도주

이제 크티실라에게 남은 선택은 집에서 몰래 빠져나와 도망치는 것뿐이었다. 크티실라는 유모에게 고민을 털어놓았고 그녀를 딸처럼 사랑했던 늙은 유모는 그녀를 돕겠다고 했다.

어느 날 밤, 크티실라는 집에서 도망쳐 나와 다음 날 에르모하리스와 결혼했다.

머리끝까지 화가 난 알키다모스는 주위에 보이는 모든 것을 다 때려부수며 둘 다 죽여 버리겠다고 마구 소리쳤다. 온 나라를 샅샅이 뒤졌지만 소용없는 일이었다.

시간이 얼마 흐른 뒤에 알키다모스는 딸이 첫아이를 낳

았다는 소식을 들었다. 이 소식을 듣자 그는 마음이 누그러졌다. 부성이 마구 샘솟아났고 기뻐서 어쩔 줄을 몰랐다. 알키다모스는 한시라도 빨리 딸과 사랑스러운 첫 손주를 보고 싶었다.

하지만 그의 기대는 이내 물거품이 되었다. 크티실라가 죽었다는 두 번째 소식이 날아온 것이었다.

알키다모스가 성스러운 월계수 앞에서 에르모하리스에게 딸을 주겠다고 맹세한 약속을 어겼기 때문에 그의 딸 크티실라의 죽음으로 벌을 받게 된 것이었다.

하지만 아프로디테는 맹세를 어긴 아버지 때문에 죽게 된 젊은 엄마 크티실라가 가여웠다. 그녀에게는 너무나 가혹한 처벌이었기 때문이다.

사람들이 크티실라의 관을 들고 무덤으로 가는 동안 관에서 하얀 새가 나왔다. 사람들이 관을 열었을 때 그 안은 텅 비어 있었다. 아프로디테가 크티실라를 비둘기로 환생시킨 것이었다.

매일 밤 에르모하리스가 아이와 자고 있을 때면, 하얀 비둘기가 날아와서 집 주위를 밤새 맴돌았다.

 아프로디테는 신들의 법을 지키지 않는 사람들에게는 벌을 주었지만 제대로 신을 모시는 사람들에게는 꼭 보상을 해 주었다. 아프로디테는 그들의 간절한 소망을 들어주었다.
 그런 이야기를 하나 해 주겠다.

피그말리온

키프로스에는 '피그말리온'이라는 위대한 조각가가 살고 있었다. 그는 결혼해서 가정을 꾸리고 싶었지만 원하는 여자를 찾을 수가 없었다.

재능 있는 예술가이자 부유한 청년인 피그말리온의 명성은 키프로스와 그리스 너머로 멀리 퍼졌다.

그러자 이름 있는 중매쟁이들이 전 세계 구석구석에서 여자들을 데려오곤 했다. 중매쟁이들은 피그말리온에게 사랑스러운 키프로스의 소녀들을, 부유한 아테네의 여인들을, 미케네의 공주들을, 시칠리아섬과 크레타섬의 유쾌한 처녀들을 데려왔다.

또 다른 이들은 그에게 카르타고, 이집트, 바빌론에서 금으로 치장한 사랑스러운 처녀들을 데려왔고, 심지어 스키타이같이 먼 곳에서도 처녀들을 데려왔다. 또 어떤 처녀들은 헤스페리데스에서 왔다는 얘기도 있을 정도였다.

하지만 그중의 누구도 피그말리온의 마음에 들지 않았다. 왜냐하면 그는 꾸미지 않은 깨끗함을 갖추고 있는 아름다운 여인을 찾고 있었기 때문이었다.

피그말리온, 갈라테이아를 조각하다

마침내 피그말리온은 자신이 원하는 여자를 찾는 것을 포기하고 작업실에 틀어박혀 조각에 몰두했다.

그는 눈처럼 흰 대리석을 가져다가 꿈 속의 여인, 그가 찾고 있는 여인상을 조각하기 시작했다.

마침내 피그말리온은 너무나 아름다운 여인상을 만들었다.

 꾸미지 않은 깨끗함을 갖춘, 미의 결정체라 할 수 있는 여인상을 말이다.

 위대한 조각가 피그말리온은 자신이 갖고 있는 능력과 열정을 바쳐 여인상을 만들었기 때문에 그 아름다운 처녀는 곧 움직이고 말을 할 것만 같았다.

피그말리온은 자기가 만든 조각상을 사랑한 나머지 이제는 그것을 동경의 눈으로 바라보면서 다듬는 일 외에는 아무것도 하지 않았다.

"난 이런 부인을 원했어."

피그말리온은 계속 이 말을 되풀이했다.

"하지만 이 세상 어디에도 이런 여자는 없을 것 같아."

아프로디테 여신의 축제일이 돌아왔다. 그러자 피그말리온은 하얀 암소를 여신에게 바치기 위해 가져갔다.

그는 제단 앞에 도착해서 신중히 말했다.

"오, 아름다움과 사랑의 여신인 위대하신 아프로디테시여, 그대는 그 누구도 할 수 없는 일을 할 수 있습니다. 저에게 제가 간절히 바라는 여자를 보내 주십시오. 제 작업실에 있는 그런 처녀를 보내 주십시오."

그 순간 제단의 불길이 확 치솟았고 피그말리온은 아프로디테가 자신의 기도를 들어 주었다는 것을 알았다.

기적이 일어나다

피그말리온은 기쁜 마음으로 집을 향했다.

집에 도착한 그는 눈앞에 벌어진 광경에 깜짝 놀라고 말았다. 집 안이 말끔히 치워져 있었고 화덕 단지에서는 음식이 맛있게 끓고 있었다.

 피그말리온은 곧바로 여인상이 있는 방으로 갔다. 그러자 놀랍게도 여인상이 그에게 걸어오면서 말을 하는 게 아닌가!

"피그말리온 님, 전 아프로디테 님께서 당신에게 주시는 선물이에요. 전 당신의 아내예요."

피그말리온은 자신이 만든 여자를 품에 안았다.

그녀는 따뜻하고 포근하고 사랑스러웠으며 부드러움이 넘쳐 흘렀다. 그녀의 피부는 우유처럼 희었다.

그래서 피그말리온은 그녀에게 그리스어로 '우유'라는 뜻의 '갈라테이아'라는 이름을 지어 주었다.

피그말리온과 갈라테이아는 딸을 하나 낳았는데, 이름이 파포스였다. 키프로스에 있는 도시인 파포스시는 지금까지 그녀의 이름을 간직하고 있다.

아프로디테는 자신을 사랑하는 이들의 소원을 이루어 주는 등 많은 선을 베풀었다.

반면에 자신을 존경하지 않고 그녀의 힘을 비웃는 이들에게는 지독한 대가를 치르게 해 주었다.

미소년 나르키소스도 아프로디테를 존경하지 않았기 때문에 톡톡히 대가를 치른 경우다.

나르키소스와 에코

　나르키소스는 자신의 아름다움에 너무 취해서 이 넓은 세상 어디에도 그에게 걸맞은 짝이 없다고 생각하는 젊은이였다.

　그는 에로스의 화살이 과녁을 찾을 수 없는 심장을 가진 유일한 존재였다.

　나르키소스도 이 사실을 알았고 이를 무척 자랑스러워했다. 그 때문에 아프로디테 여신을 우습게 생각했다. 그녀의 도움이 필요 없다고 생각했기 때문이다.

　그 이유는 아주 간단했다. 나르키소스의 존경심은 오로지 자신만을 위한 것이었고 그 어떤 것에도, 그 누구에게도 바쳐서는 안 되는 것이었기 때문이다.

　하지만 아프로디테의 창이 나르키소스의 심장에 꽂히는 날이 있었으니…….

　나르키소스는 성스러운 강의 신 케피소스의 아들이었다. 잘생긴 그가 숲속으로 산책을 나가면 그와 마주치게 되는 요정들과 드리아스들은 가슴이 뛰어 어쩔 줄을 몰랐다.

나르키소스는 자부심으로 마음이 벅차올랐다. 물론 그는 단 한 번도 사랑에 빠진 적이 없었다. 그는 단지 다른 사람들이 자신을 사랑하기만을 원할 뿐이었다. 그리고 그런 일이 있을 때마다 자부심으로 얼굴이 환해지곤 했다.

요정인 에코가 자신을 사랑하게 된 것을 알았을 때도 마찬가지였다. 나르키소스는 곧바로 자신이 이루어 낸 또 하나의 업적으로 새겼을 뿐 그 이상 아무것도 없었다.

에코는 사랑스러운 요정이었지만 말하는 능력이 부족했다. 그녀는 자신이 들은 말들의 끝 몇 마디만 따라 할 수 있을 뿐이었다.

에코가 나르키소스를 처음 본 것은 그가 평소처럼 산책을 하고 있을 때였다. 나르키소스는 아름다운 봄을 만끽하면서 자신의 자태를 감상하기 위해 가끔씩 걸음을 멈추곤 했다.

에코는 그렇게 자신만만하고 잘생긴 청년을 한 번도 본 적이 없었다. 에코는 그와 눈길이라도 마주칠까 봐 재빨리 덤불 속에 숨어 버렸다.

곁눈으로 에코를 본 나르키소스는 당돌한 목소리로 갑

작스럽게 외쳤다.

"누가 숨어 있는 거지? 여기는 나 혼자뿐인데!"

"나 혼자뿐인데!"

요정의 겁먹은 목소리가 되돌아왔다.

나르키소스가 작은 목소리로 물었다.

"어디 있는 거지? 어서 나와요, 여기!"

"……여기!"

다시 요정의 목소리가 들렸다.

나르키소스가 소리쳤다.

"어서 나와요. 난 당신이 보고 싶어요!"

"……보고 싶어요!"

에코는 기쁜 목소리로 말하고는 나르키소스를 향해 달려갔다.

하지만 에코의 아름다움도, 그녀의 눈 속에서 빛나고 있는 나르키소스를 향한 사랑도 그의 마음을 움직이지는 못했다.

나르키소스는 또 한 명이 자신에게 빠져들었다는 사실만이 기쁠 뿐이었다.

나르키소스가 외쳤다.

"어서 여기서 꺼져 버려! 내가 너희와 같은 족속인 줄 알아, 이 바보야!"

"……바보야!"

에코는 이렇게 따라 하고는 크게 실망하여 울면서 도망갔다.

사랑의 여신 아프로디테는 나르키소스의 행동을 더 이

상 두고 볼 수가 없었다. 아프로디테는 차갑게 행동하는 나르키소스를 혼내 줘야겠다고 결심했다.

숲속을 산책하던 나르키소스는 목이 말라서 물 마실 곳을 찾다가 작은 연못을 발견했다.

바람 한 점 불지 않았다. 수정같이 맑은 연못물은 평화롭고 잔잔했다. 그리고 연못은 주위의 모든 것을 거울처럼 그대로 비춰 주고 있었다.

나르키소스는 물을 마시려고 몸을 구부리면서 물에 비친 자기 모습을 보았다. 바로 그 순간 에로스는 활을 쏘았고 화살은 나르키소스의 심장에 꽂혔다.

연못에 비친 얼굴이 자기라는 사실을 알지 못한 채, 나르키소스는 물속의 자신과 사랑에 빠져 버렸다. 그는 이렇게 잘생긴 얼굴을 한 번도 본 적이 없었다.

에로스가 어머니인 아프로디테의 명령을 잘 따른 덕분에 사랑의 의미를 전혀 몰랐던 나르키소스는 이제 자신의 모습에 완전히 반해 버린 것이었다.

나르키소스는 아무리 봐도 질리지 않는다는 표정으로 연못을 들여다보았다. 얼마 뒤에 그는 물에 비치는 사람

을 향해 손을 내밀었고 그 사람도 똑같이 하는 것을 보았다.

나르키소스는 그 사람과 입맞춤하려고 몸을 구부렸다.

하지만 나르키소스의 입술이 물에 닿자마자 그 사람의 형체는 깨져 버렸다.

곧 물결이 가라앉고 다시 잘생긴 얼굴이 나타났다. 그래서 다시 한번 뜨거운 열정으로 입맞춤하려고 몸을 구부렸다. 그런데 이번에도 같은 일이 일어났다.

계속 시도하던 나르키소스는 짜증이 났고 마침내 절망에 빠지고 말았다. 그는 연못가를 떠나지 않고 아무것도 먹지 않은 채 물속에 비친 사람만을 생각하며 무릎 꿇고 앉아 있었다.

몇 날 며칠이 지났지만 나르키소스는 그 자리에서 움직이지 않았다. 그는 점점 몸이 약해지고 있었지만 그 다가갈 수 없는 얼굴을 놓고 떠날 수는 없었다.

나르키소스는 계속 물속의 사람을 바라보다가, 마침내 그것이 누구인지를 알고는 절망해서 비명을 질렀다.

"아! 물속에서 본 것이 바로 나였다니! 그렇다면 영영 만질 수가 없겠군!"

하지만 진실을 알아 버린 뒤에도 나르키소스는 연못가를 떠날 수가 없었다. 왜냐하면 물속의 모습이 그를 더욱 더 강렬하게 끌어당기고 있었기 때문이다.

나르키소스는 아무것도 먹지 않은 채 오로지 자신의 모습만 생각하며 연못가에 앉아 있었다. 그러다가 결국 연못가에서 죽고 말았다. 나르키소스는 죽는 순간까지도 물에 비친 자신의 모습을 바라보고 있었다.

이것이 바로 아프로디테가 미소년 나르키소스에게 내린 벌이었다. 이는 아무도 사랑할 줄 모르고 자신만을 사랑한 자의 운명이었다.

숲속의 모든 드리아스들과 요정들은 이 아름다운 청년

의 죽음을 슬퍼했다. 특히 에코의 슬픔은 이루 말할 수가 없었다.

에코는 나르키소스 곁에 앉아서 밤새 엉엉 울었다. 에코가 아침에 깨어 보니 옆에는 나르키소스 대신 향기로운 꽃 한 송이가 피어 있었다. 사람들은 이 꽃을 가리켜 '나르키소스(수선화)'라고 불렀으며 이 꽃의 꽃말은 '죽음'이다.

슬픈 마음을 가눌 길 없던 에코는 숲속을 마구 헤매 다니다가 마침내 죽고 말았다.

하지만 에코의 목소리만큼은 아직도 남아 있다.

만약 여러분이 산에 올라가서 크게 소리 지를 일이 있을 때면 에코의 목소리인 메아리를 들을 수 있을 것이다. 에코의 목소리는 언제나 여러분이 외치는 말의 끝말을 반복할 것이다.

아프로디테와 아도니스

하지만 이제 아프로디테가 죽음의 쓰디쓴 경험을 할 차례가 왔다. 에코가 나르키소스를 잃은 것처럼 그녀 또한 아름다운 연인 아도니스를 잃게 된다.

키프로스의 왕인 키니라스의 아들 아도니스는 어느 봄날 숲속 은매실나무의 줄기가 짝 갈라지면서 세상에 나왔다고 한다. 어떤 이들은 이 은매실나무가 키프로스의 여왕인 스미르나였다고도 전한다.

아도니스는 요정들의 시중을 받으며 숲속에서 자라났으며 누가 보더라도 세상에서 가장 잘생긴 청년이 되었다. 아도니스가 금발의 아폴론보다 더 잘생겼다고 하는

이들도 있었다.

아도니스가 얼마나 멋졌냐 하면 그를 놓고 두 명의 여신이 싸움까지 할 정도였다. 그 가운데 한 명은 아프로디테였고 다른 하나는 페르세포네였다. 그 싸움에서 아프로디테가 이겼고 이제 그들은 숲속의 금빛 태양 아래에서 행복하게 지냈다.

진정한 사랑이 어떤 것인가를 아는 사람이 많겠지만 사랑의 여신만큼 잘 아는 이도 없었을 것이다. 아프로디테는 아도니스를 위해 올림포스산도 포기하고 사랑하는 아도니스가 있는 키프로스로 달려갔다. 그 어떤 더위도, 폭풍우나 추위도 그녀를 그의 곁에서 떼어 놓지 못했다.

아도니스의 죽음

아도니스는 사냥을 좋아했다. 아프로디테도 그와 함께 사슴과 산토끼와 야생 염소를 잡으러 다녔다.

하지만 그녀는 그에게 곰, 멧돼지, 늑대 등은 사냥하지 말라고 입버릇처럼 말했다. 그가 다치는 것이 두려워서였다.

어느 날, 혼자 있던 아도니스는 거대한 멧돼지를 발견했다. 그는 아프로디테의 경고를 까맣게 잊은 채 멧돼지에게 조심스럽게 다가갔다.

아도니스가 멧돼지를 내리치려는 순간이었다. 갑자기 멧돼지가 몸을 돌려 그를 덮치면서 상아와 같은 이빨로 물어 버렸다.

아프로디테는 연인에게 뭔가 좋지 않은 일이 일어났음을 느끼고 빨리 그를 찾았다. 그녀는 숲을 샅샅이 뒤졌다. 너무 서두르는 바람에 신발이 벗겨졌고 곧 그녀의 발에는 상처가 나고 피가 흘렀다.

마침내 아프로디테가 아도니스를 찾았을 때 그는 이미 마지막 숨을 간신히 내뱉고 있었다.

아프로디테는 그의 주검 위에 쓰러졌다. 사랑의 여신의 심장은 참을 수 없는 슬픔의 고통으로 갈기갈기 찢어졌다.

사랑하는 이를 잃은 아프로디테는 홀로 처량하게 울면서 숲속을 방황했다. 그녀의 눈물이 대지를 적셨고 눈물이 떨어진 자리에는 아네모네 꽃들이 피어났다.

아프로디테의 발에서 흐르는 핏방울에 그때까지만 해도 하얀색밖에 없던 장미들이 진홍색으로 물들었다.

슬퍼하는 아프로디테를 보자 올림포스의 모든 신들은 마음이 아팠다. 특히 신들의 왕이었던 제우스가 그녀를 가장 가여워했다. 그래서 제우스는 저승 세계의 신 하데스에게 명령해서 해마다 6개월 동안은 아도니스가 이승으로 돌아오는 것을 허락했다.

따라서 아도니스는 해마다 이승으로 돌아왔고 키프로스의 외딴 숲속에서는 아프로디테가 그를 기쁨의 눈물로 반긴다. 그럴 때면 모든 자연이 그녀와 함께 기뻐하면서 가장 찬란한 색깔의 옷을 입는다. 새들은 아도니스가 연인에게 돌아온 것과 봄이 온 것을 축하하는 노래를 부른다.

하지만 아도니스가 다시 지하 세계로 돌아가야 할 때가 오면 아프로디테는 그에게 마지막 슬픈 입맞춤을 한다. 온 세상도 함께 슬퍼한다. 아도니스가 떠났고 가을과 매서운 겨울이 올 것이기 때문에 하늘은 구름으로 뒤덮인다.

하지만 아도니스는 다시 돌아올 것이고 그와 함께 꽃과 기쁨이 가득한 봄이 올 것이다. 사람들이 아도니스와 아프로디테와 봄의 꽃을 칭송하면 4월의 즐거운 축제도 돌아올 것이다. 그리고 그러는 동안 저 깊은 숲속 어디에선가 이 아름다운 연인이 함께 뛰놀며 웃고 있을 것이다.

정재승이 추천하는
뇌과학으로 신화 읽기 《그리스 · 로마 신화》

제1권 키워드 권력
　제우스 헤라 아프로디테

제2권 키워드 창의성
　아폴론 헤르메스 데메테르 아르테미스

제3권 키워드 갈등
　헤파이스토스 아테나 포세이돈 헤스티아

제4권 키워드 호기심
　인간의 다섯 시대　프로메테우스　대홍수

제5권 키워드 놀이
　디오니소스 오르페우스 에우리디케

제6권 키워드 탐험
　다이달로스 이카로스 탄탈로스 에우로페

제7권 키워드 성장
　헤라클레스

제8권 키워드 미궁
　페르세우스 페가소스 테세우스 펠레우스

제9권 키워드 용기
　이아손 아르고스 코르키스 황금 양털

제10권 키워드 반전
　전쟁 일리아드 호메로스 트로이

제11권 키워드 우정
　오디세우스

제12권 키워드 독립
　오이디푸스 안티고네 에피고오니